TERRE DES LÉZARDS

Pour Mieux Connaître le Tchad

COLLECTION DIRIGÉE PAR MARIE-JOSÉ TUBIANA

Le but de notre collection est de contribuer à l'édification du Tchad moderne en permettant aux Tchadiens de mieux connaître leur pays dans toute sa diversité et sa richesse. Nous avons publié des travaux inédits, des documents d'archives, des traductions françaises d'ouvrages étrangers et réimprimé des textes devenus introuvables.

DERNIERS OUVRAGES PARUS

2000   Baba Moustapha. *Le souffle de l'harmattan.* (Prix Albert Bernard de l'Académie des Sciences d'Outre-mer)
  Gérard Serre. *Une nomadisation d'hivernage dans l'Ouadi Rimé (Tchad 1956).*
2001   Géraud Magrin. *Le sud du Tchad en mutation : des champs de coton aux sirènes de l'or noir.* (Prix Albert Bernard de l'Académie des Sciences d'Outre-mer)
  Victor-Emmanuel Largeau. *À la naissance du Tchad 1903-1913* (Documents présentés par Louis Caron).
2002   Claude Durand. *Les anciennes coutumes pénales du Tchad. Les grandes enquêtes de 1937 et 1938.*
  Joël Rim-Assbé Oulatar. *Tchad. Le poison et l'antidote.* Essai.
2003   *Le Tchad au temps de Largeau 1900-1915* (photographies, dessins).
  Al-Hadj Garondé Djarma. *Témoignage d'un militant du Frolinat.*
  Bichara Idriss Haggar. *Tchad. Témoignage et combat politique d'un exilé.*
2004   Marie-José Tubiana. *Parcours de femmes. Les nouvelles élites : entretiens.*
2005   *Les contes oubliés des Hadjeray du Tchad* recueillis et édités par Peter Fuchs, traduits de l'allemand par Hille Fuchs.
  Alain Vivien. *N'djaména naguère Fort-Lamy, histoire d'une capitale africaine.*
2006   Zakaria Fadoul Khidir. *Le chef, le forgeron et le faki.*
  Lidwien Kapteijns. *Mahdisme et tradition au Dar For. Histoire des Massalit 1870-1930,* traduit de l'anglais par Geneviève d'Avout et Joseph Tubiana.
  Mahmat Hassan Abakar. *Chronique d'un enquête criminelle nationale.*
2007   Oumar Djimadoum. *Un vétérinaire tchadien au Congo.*
  Contes Toubou du Sahara recueillis au Niger et au Tchad par Jérôme Tubiana.
  Antoine Bangui-Rombaye. *Taporndal. Petites chroniques du pays gor et d'ailleurs.*
  Bichara Idriss Haggar. *François Tombalbaye 1960-1975. Déja, le Tchad était mal parti.*
  Arnaud Dingammadji. *Ngarta Tombalbaye. Parcours et rôle dans la vie politique du Tchad (1959-1975).*
2008   *Hommes sans voix. Forgerons du nord-est du Tchad et de l'est du Niger.* Textes réunis par Marie-José Tubiana.
2008   Louis Caron. *Au Sahara tchadien. L'administration militaire au moment de l'Indépendance. Borkou - Ennedi - Tibesti 1955-1963.*
2010   Jean Laoukolé. *Les rebelles selon Monsieur le préfet.*
  François Besnier. *Moussoro. Cent ans déjà.*
2011   Jean Laoukolé. *La démocratie humiliée. Le référendum de la République de Bekoï dans le canton Hillé Chingnaka.*
2013   Hissein Idriss Haggar. *Des Grottes du Darfour à l'exil. Chronique d'une lutte inachevée.*
2014   Ahmad Allam-Mi. *Autour du Tchad en guerre : tractations politiques et diplomatiques 1975-1990.*
  Bichara Idriss Haggar. *Les partis politiques et les mouvements armés de 1990 à 2012.*
2015   Jean Laoukolé. *Histoires extraordinaires du commandant Béchir.*
2015   Jean-Pierre Ningaïna Taraïna. *Pardon et réconciliation. Ouvrir un avenir politique en Afrique.*

DANS LA COLLECTION BIBLIOTHÈQUE PEIRESC
(en collaboration avec l'ARESAE)

2006   Marie-José Tubiana. *Carnets de route au Dar For 1965-1970.*

Pour Mieux Connaître le Tchad

Jean-Baptiste Laokolé

TERRE DES LÉZARDS

L'Harmattan

Le présent ouvrage
a été soumis à l'Association
« POUR MIEUX CONNAÎTRE LE TCHAD »
qui a confié la révision du texte à Antoine BANGUI
et sa relecture à Khadidja Sahoulba et Marie-José TUBIANA

En couverture : dessin de Hassan Musa.
Mon premier dictionnaire français-anglais, Grandir, 1994.

CONCEPTION GRAPHIQUE & MISE EN PAGE – Anne LEBOSSÉ

© L'Harmattan, 2016
5-7, rue de l'École-Polytechnique, 75005 Paris

http://www.harmattan.fr
diffusion.harmattan@wanadoo.fr

ISBN : 978-2-343-08834-1
EAN : 9782343-088341

INTRODUCTION

Le titre de ce livre, qui aurait très bien pu être : « Mon parcours sur la terre des Lézards », peut prêter à confusion compte tenu des sujets qui y sont traités. C'est pourquoi il me paraît nécessaire de dire un mot sur les lézards, ces petits reptiles inoffensifs qui sont innombrables au Tchad. Contrairement à d'autres animaux encore plus nombreux, tels les oiseaux comme les tourterelles, mange-mils, moineaux ou encore les insectes, criquets, abeilles, termites et amphibiens divers, crapauds, grenouilles, rainettes qui tous attirent notre attention d'une quelconque manière, le lézard nous laisse indifférent. C'est qu'il n'apparaît ni utile, ni nuisible et encore moins comestible, même si dans des circonstances exceptionnelles il est prescrit en tant que remède par un guérisseur ! Pourtant, la loi mystérieuse de la nature l'amène à vivre près des hommes et souvent sous leurs toits ! Ils sont alors chassés et tués sans remords. Et, sur les routes, personne ne se soucie d'avoir écrasé un lézard ! Sa vie et ses moyens d'existence nous importent peu. Chez les Laka, la communauté ethnique au sud du Tchad dont je suis issu, un dicton populaire constate : « C'est grâce à l'écuelle d'eau des poules dans la basse-cour que le lézard trouve à boire ». Cela doit lui suffire !

Ne dit-on pas également d'un cadavre laissé dans la rue qu'il est piétiné avec le même mépris que celui d'un lézard ?

C'est lors de mon arrestation arbitraire en 1973, qui a duré plus de six mois au commissariat central de N'Djaména, que j'ai fait cette curieuse et troublante constatation.

Les détenus que nous étions, enfermés dans de minuscules cellules totalement plongées dans l'obscurité et d'une insalubrité indescriptible, n'en sortaient quotidiennement qu'aux environs de quatorze heures pour être conduits sous bonne garde dans la cour du commissariat où nous prenions nos repas. Peu avant l'heure de notre installation sous l'ombre des arbres, les alentours étaient envahis par de nombreux lézards de toutes tailles et de toutes couleurs. Vigilants, le regard perçant tourné vers nous, aux aguets, ils attendaient les restes de nos repas pour se les disputer.

Au fil des mois, ces lézards étaient devenus nos invités attitrés. Une sorte de divertissement pour nous qui leur jetions les meilleurs morceaux de nos maigres repas. Ainsi se nourrissaient les lézards du commissariat central de N'Djaména ! Et plus nombreux étaient les prisonniers, plus fourmillaient des lézards affamés.

Le sort réservé à ces petits reptiles me fait penser à celui de certains Tchadiens qui osent faire de la politique. Ils sont souvent chassés, tués, écrasés sans pitié par leurs concitoyens détenteurs du pouvoir, maîtres des vies. Leurs cadavres, comme ceux des lézards, abandonnés sans sépulture, sont parfois laissés en pâture aux charognards, à moins qu'ils ne dessèchent au soleil ou ne pourrissent dans la même indifférence méprisante.

Le Tchad, notre beau pays, dont on vantait autrefois la chaleureuse hospitalité et la convivialité de ses habitants, est-il devenu cette terre des lézards ?

Mon père me parlait souvent du destin : « Mon fils, disait-il, il faut que tu saches que le destin d'un homme peut être comparé au courant d'un fleuve qui suit inexorablement sa pente. Même un arbre tombé dans son lit ne le fait pas changer de direction. C'est l'œuvre de Louba, de Dieu ».

Mes parents étaient des paysans. La troisième épouse de mon père eut quatre enfants : deux filles qui sont mes aînées et deux garçons. Je suis son premier fils, né à Bendaïdoura, un gros village du canton d'Oudoumia dans le département des Monts de Lam dont le chef-lieu est Baïbokoum, dans la région du Logone oriental. Quand mon père parlait du destin, j'ouvrais grand mes oreilles sans néanmoins comprendre ce qu'il voulait dire. J'aurais aimé qu'il s'explique davantage mais il ne le faisait pas et je me gardais bien de lui poser des questions. Un enfant n'interrompt ni son père ni quelque autre vieille personne. C'est une question de respect et je ne tenais pas à me faire morigéner : « Hé, Laokolé, fais attention ! Ne recommence plus ça. ». Mieux valait brider ma curiosité. Aujourd'hui, je comprends mieux son souci de m'inculquer dès mon plus jeune âge les règles de conduite en vigueur dans notre monde paysan, à savoir l'honnêteté, la droiture, le respect des autres, et le courage au travail. Des qualités souvent oubliées de nos jours si l'on observe l'attitude de nos jeunes. Dans les villages de notre région où les familles sont souvent pléthoriques, la paresse était alors considérée comme un grand mal et celui qui passait pour un paresseux était le sujet de railleries et ne trouvait pas une épouse facilement. En effet, comment un paresseux pourrait-il nourrir sa famille ? En outre, mon père, gardien des valeurs traditionnelles, mettait un point d'honneur à ce que son fils fût cité en exemple, d'autant plus que, très tôt, j'avais été choisi pour lui succéder dans ses fonctions de gardien de la tradition. Car telle était la coutume des Laka, en particulier des Laka Païz, notre ethnie.

Le mot « Païz », accolé à Laka désigne la chaîne de montagnes dans laquelle nos ancêtres se sont établis depuis des temps immémoriaux. Cette région, contrefort du massif de l'Adamaoua au Cameroun à l'Est, est arrosée par deux cours d'eau, l'Eréké et la Nya, dont les flots grossissent la Pendé qui se jette dans le Logone, principal affluent du fleuve Chari terminant sa course dans le lac Tchad. Les Laka Païz sont essentiellement des agriculteurs. Néanmoins, ils pratiquaient également des petits élevages de caprins et de volaille et se livraient éventuellement à la pêche et à la chasse. Il semble qu'ils soient venus du Sud Soudan, attirés sans doute par un climat humide, promesse de bonnes récoltes, contrairement à celui de la zone soudanienne à faible et irrégulière pluviométrie. Il se raconte que les nouveaux arrivants auraient repoussé plus au sud les premiers occupants des lieux, les Pygmées.

Cette population homogène fut soudain désorganisée en 1935, un an avant ma naissance, par l'administration coloniale française qui gérait l'Afrique centrale. Avec le découpage colonial, l'Eréké servit de frontière entre le territoire du Tchad et celui de l'Oubangui-Chari et notre groupe ethnique se retrouva coupé en deux. Sur la rive gauche de l'Eréké resta notre communauté formée de vingt-quatre villages constituant le canton d'Oudoumia rattaché au district de Baïbokoum. Sur la rive droite, les vingt-deux autres villages furent intégrés à l'Oubangui-Chari, rebaptisé depuis, République Centrafricaine.

Cette séparation, conçue sur une base topographique, fut décidée de manière complètement arbitraire sans aucune considération pour les familles. Mon grand-père paternel et quelques-uns de ses enfants qui habitaient dans un village situé sur la rive droite de l'Eréké se retrouvèrent ainsi être des Oubanguiens, plus tard Centrafricains, alors que ses autres descendants établis sur la rive gauche étaient devenus Tchadiens.

Malgré mon jeune âge, choisi dès l'enfance par toute ma famille et l'ensemble de notre tribu pour être le futur gardien de la tradition Laka Paï, les habitants de Bendaïdoura me témoignaient un respect qui me différenciait des autres gamins. Je mis du temps à m'habituer à cette situation. Pourquoi mes bêtises étaient-elles si vite pardonnées alors que je m'attendais à des remontrances bien méritées ou même à des bastonnades ? Puis, mon père m'emmenait avec lui dans toutes les visites qu'il faisait aux parents ou amis comme si j'étais son compagnon de confiance. Et chaque fois que nous nous retrouvions en tête-à-tête, il me parlait des habitants de Bendaïdoura et des environs, me racontait les travers et les vertus des uns et des autres. Ainsi les paresseux, les voleurs, les mouchards, les courageux à la besogne, les détenteurs de pouvoirs occultes, les guérisseurs du village et de la région furent-ils passés au crible pour mon instruction !

Son enseignement ne s'arrêta pas là. À travers nos promenades ou au travail des champs, il m'apprit à identifier les plantes, les utiles capables de soigner et les dangereuses qui peuvent être mortelles. L'initiation compléta ma formation. Pendant cette période, j'appris les codes secrets de notre communauté et devint « lao », c'est à dire l'initié.

Au fur et à mesure que je grandissais et gagnais en maturité, il ne fit alors plus de doute dans l'esprit des anciens qui formaient le conseil que je répondais à leur attente et que je pourrais assumer après mon père la charge de gardien des valeurs traditionnelles.

Ce qui n'était pas le cas de mon grand frère, fils de la première épouse de mon père. Les anciens le jugeaient récalcitrant et capricieux. Ce jugement un peu sévère l'incita à quitter le village, suivant un garde en mission, pour s'installer à Baïbokoum. Quant à moi, sur lequel notre communauté fondait de grands espoirs, je ne pensais jamais m'éloigner de Bendaïdoura, je continuerais d'apprendre auprès des sages et de mes parents l'histoire et les coutumes de notre communauté, je succéderais à mon père, un parcours tracé d'avance. Mais les prémices d'un changement profond déjà s'amorçaient avec l'apparition de l'école. Quel serait alors mon destin, ce destin qu'évoquait si souvent mon père ? À l'époque, je ne me posais pas cette question ! Mais aujourd'hui, alors que j'examine le chemin parcouru depuis mon adolescence, oui, je m'interroge sur la série d'événements qui semblent bien avoir dirigé le cours de ma vie.

J'étais encore un gamin quand un premier voyage m'éloigna pour un temps du village. Un soir, sans que rien ne le laisse présager, mon père me dit :

— Laokolé, demain nous irons en visite chez ton grand-père de l'autre côté de l'Eréké. Tu ne l'as pas encore vu depuis ta naissance et c'est l'occasion d'aller faire sa connaissance. Maintenant qu'il est très âgé, il me paraît indispensable que tu le rencontres et le voies avant qu'il ne lui arrive quelque chose. »

Chaque année, mon père et mes oncles avaient l'habitude d'aller le voir mais jamais je n'avais fait partie du voyage ! J'en étais tout excité ! Enfin j'allais rompre mon train-train quotidien, je verrais autre chose que les horizons de Bendaïdoura, je connaîtrais ce grand-père qui vivait sur l'autre rive de l'Eréké !

Le lendemain matin de bonne heure, nous partons. Le frère cadet de mon père, Kiamaï Gue Matidje, nous accompagne chargé d'un sac plein d'arachides de la nouvelle récolte. Mon père lui-même porte un gros sac de mil et trois ignames. À moi, il m'a confié un petit panier rempli de sésame.

Arrivés devant l'Eréké, mon père et mon oncle négocient âprement le prix du passage en pirogue qui, je crois, se monte à 5 francs CFA de l'époque. Nous voilà enfin embarqués avec nos gros sacs de provisions ! Mais sur la rive oubanguienne vite atteinte, rien n'indique une frontière ! Ni panneau, ni borne, ni poste de douane ! Sommes-nous vraiment sur un sol étranger ? L'administration coloniale a créé artificiellement des territoires, tracé des frontières, pourtant, tout parait immuable, pareil aux temps anciens où dans ces espaces alors indéfinis et sans limites les hommes allaient et venaient sans contrôle.

Sous le soleil ardent et le ciel sans nuage, lourdement chargés et dégoulinant de sueur, il nous faut plus de quatre heures de marche pour atteindre notre destination, le village de Békoro où vit une partie de notre famille. Sous l'ombre d'un tamarinier planté à côté de sa case, mon grand-père, un vieil homme tout chenu, au visage profondément ridé, cerné d'un collier de barbe frisée et grisonnante, dort allongé sur un siège branlant tendu d'une peau de gazelle. Notre arrivée le tire de sa somnolence. En nous entendant, il se redresse précipitamment pour nous accueillir. La paix tranquille de l'après-midi est instantanément troublée par l'irruption d'une foule de gosses joyeux et poussiéreux intrigués par notre arrivée. Quant à nous, fatigués par la chaleur, notre marche et notre chargement, cette soudaine animation nous laisse abasourdis. Une femme âgée sort alors d'une case pour nous apporter une grande calebasse d'eau que nous buvons en nous la repassant de l'un à l'autre. Ce n'est qu'après s'être longuement désaltéré que mon père parle :

— « Baï, (papa), j'ai fini de rentrer ma récolte de l'année, malheureusement peu abondante. Les singes, les oiseaux s'en sont mêlés et j'en ai perdu une bonne partie. Je t'en ai apporté un peu, moins que je l'aurais voulu. Je suis venu aussi pour te présenter mon fils, Laokolé, le second de mes deux garçons ».

Laokolé Gue Bissi (c'est le nom que je porte) sourit. Depuis combien de temps n'a-t-il pas revu ces deux fils vivant sur l'autre rive de l'Eréké, mon père et son frère cadet ?

— Tu me fais bien plaisir en venant me présenter ton fils qui porte mon nom et j'apprécie beaucoup tes cadeaux. Tu observes bien nos coutumes Laka, en apportant au vieux que je suis devenu les prémices de tes récoltes. Tu n'oublies pas ton vieux père et ça, c'est important. Là où ils sont, nos anciens ne manqueront pas de te bénir et de veiller sur toi. Bienvenue à vous trois !

Puis s'adressant à mon oncle, il demande :

— Et toi, Kiamaï, combien d'enfants as-tu ? As-tu fait une bonne récolte de mil cette année ?

— J'ai trois enfants, deux filles et un garçon, répond celui-ci. Quant à mes champs, je n'en ai pas tiré grand-chose cette saison.

— Sacré Kiamaï, tu ne changeras pas ! Pour qu'un champ donne, il faut du travail, sarcler, enlever les mauvaises herbes… Mais bon, je suis bien content de te voir et surtout le petit garçon qui porte mon nom.

Nous passons trois journées heureuses chez mon grand-père. En fin d'après-midi, notre nombreuse famille se retrouve sous les arbres pour partager de copieux repas ou griller des ignames et des patates douces. D'habitude, on ne mange pas de la viande tous les jours mais, pour respecter les lois d'hospitalité et bien honorer les visiteurs, on a cette fois-ci tué un cabri et plusieurs poulets que mes tantes et cousines ont préparés en sauces, accompagnées de boules de mil ou de manioc. Jamais je n'ai autant mangé car à Bendaïdoura nos repas sont généralement très modestes. C'est aussi jours d'abondance pour tous les enfants assis autour de nous qui attendent avec impatience de finir les fonds de calebasses et de marmites.

Silencieux, curieux, j'écoute les grandes personnes qui n'arrêtent pas de causer entre elles, demandant des nouvelles des uns et des autres. Les gens vivent dans des États différents sans en avoir vraiment conscience car la réalité de ces nouveaux territoires reste vague. Une affaire de Blancs que leur esprit n'a pas encore assimilée dans toutes ses conséquences. Pour l'instant, seuls les intéressent les problèmes familiaux, les histoires de la tribu désormais séparée par une rivière.

Le troisième jour, mon père demande l'autorisation de prendre la route.

Mon grand-père attristé dit :

— Je sais, Laomadji Gué Bissi, tu as beaucoup de travail qui t'attend chez toi. Je ne peux pas te retenir plus longtemps. Je vais seulement te demander une chose. Laisse-moi ton fils pendant quelque temps. J'aimerais faire davantage sa connaissance. Il apprendra aussi à se familiariser avec ses autres oncles et cousins de Békoro, notre village. Le moment venu, je te ferai prévenir pour que tu reviennes le chercher, ou bien, je le ferai raccompagner à Bendaïdoura par l'un de tes frères d'ici. J'espère que tu ne me refuseras pas cette faveur. »

Mon père lui répond :

— Comme tu voudras, baï. J'espère que tu ne t'en plaindras pas car les enfants se montrent souvent turbulents et agaçants ! Je crains aussi qu'il ne te fatigue beaucoup car tu as plutôt besoin de calme et de repos.

— Non mon fils, je ne retiens que le plaisir d'avoir près de moi ce petit Laokolé ! Sois tranquille pour ma santé, elle est encore bonne !

C'est comme ça, suite à la demande de mon grand-père, que je reste à Békoro à ses côtés. Mon séjour était prévu pour quatre mois.

Quelques jours après le départ de mon père et de mon oncle, mon grand-père me place sous la responsabilité de l'un de ses fils, chef de village, qui a plusieurs enfants de mon âge. Néanmoins, c'est souvent près de lui que je passe le temps. Il aime ma présence et apprécie les menus services que je lui rends sans rechigner comme bourrer sa pipe de tabac, l'allumer avec la braise que je rapporte du feu d'une des cases. D'autres fois, je cours à l'autre bout du village pour lui ramener telle ou telle personne à qui il demande des renseignements qu'il prétend urgents.

En dehors de ma présence près de mon grand-père, j'aide à surveiller le champ de mon oncle chez qui je vis car je ne veux pas passer pour un enfant paresseux. C'est pourquoi je ne manque jamais de me lever tôt chaque matin pour le suivre en compagnie de mes cousins. À cette période des moissons, les jeunes sont chargés de chasser les mange-mil surgis de nulle part qui s'abattent en bandes voraces sur les champs de mil. Cela exaspère les paysans car toute parcelle sans surveillance peut être rapidement dévastée, compromettant ainsi le fruit de toute une année de travail. Mon oncle centrafricain se sent rassuré quand il nous entend crier, lancer en l'air des bâtons ou des mottes de terre, faire tinter les grelots attachés aux ficelles tendues à travers champ. Le bruit effraie les oiseaux et les font fuir momentanément car dès, le calme revenu, les revoilà à nouveau. Mon tuteur coupe les épis de mil, en emplit des paniers que ses femmes entassent dans un coin nettoyé du champ. Une fois achevé le travail de coupe, commence alors le battage des épis. Ensuite, ce sont les femmes qui tamisent les grains qui seront stockés dans le grenier de paille construit à un autre bout de la parcelle.

Un jour où nous nous sommes retrouvés seuls avec mon cousin, le fils aîné de mon oncle, pour surveiller le champ, nous avons eu une violente dispute. Accroupi à l'ombre d'un arbre, Laobol me donne l'ordre d'aller chasser les oiseaux. Le soleil est au zénith, il fait chaud, très chaud. Je refuse de lui obéir, il s'en irrite et crie avec colère sur moi :

— Comment, tu loges chez nous, maman te prépare à manger et tu refuses d'obéir ? Qu'est-ce que cela signifie ?

Moi aussi je suis en colère et je rétorque sèchement :

— Ce n'est pas à toi de me dicter ce qu'il faut faire ! Pourquoi tu ne te bouges pas pour chasser toi-même les mange-mil !

Il bondit alors vers moi d'un air menaçant. Costaud et grand de taille, il pense sans doute m'intimider, me dominer facilement et me mettre à sa merci ! C'est vrai que je ne paye pas de mine face à lui ! Mais il ignore ce que peut devenir un garçon en rage et déterminé. À peine sa main frôle-t-elle mon menton pour me provoquer que mes bras s'enroulent autour de sa taille, le soulèvent et le plaquent au sol. Prenant un net avantage sur lui, des deux mains vigoureuses, je le roue de coups. Le nez en sang, mon gaillard hurle ! Il réussit à s'arracher de mes mains et abandonnant la partie, court tout droit au village.

En apercevant son fils dans un tel état, sa mère, l'une des épouses de mon oncle, chef de village, pousse des cris stridents et dès mon arrivée elle m'accueille avec des hurlements et des invectives : « Voyou, assassin, bon à rien ! » Complètement hystérique elle me lance : « Tu n'as aucune place ici dans notre famille ! ».

Mon oncle est présent mais il demeure impassible et muet. Le soir, à l'exception de mon malheureux cousin battu, toute la famille se retrouve comme d'habitude autour de lui pour partager le repas. Rien n'est dit de ma bagarre avec mon cousin. Je dois avouer qu'en mon for intérieur je suis plutôt satisfait d'avoir infligé une belle punition à ce petit morveux qui m'a cherché querelle et tenté de me soumettre à son autorité comme on le fait pour dresser des petits chiens.

Le lendemain matin, muni de mon bâton, de ma gourde et d'un peu de provision, je sors comme d'habitude de la case pour aller au champ. Je n'ai pas prévu que mon oncle m'attendrait à la porte armé d'une chicotte. Fabriquée avec des joncs séchés utilisés également pour tresser des nattes, fabriquer des boucliers ou construire des clôtures, elle est particulièrement solide et rigide ! Sans un mot, il me saisit brutalement au passage et se met à me chicoter de toutes ses forces sur le dos, les mollets, le corps entier en me traitant à son tour de sauvage, d'assassin, de voyou, les mêmes invectives criées la veille par sa femme ! Pendant toute cette bastonnade, je n'ai ni un cri, ni esquissé un mouvement de défense, ni esquivé un coup. Au bout d'un moment, haletant et fatigué, il arrête la correction et me regarde fixement, les yeux stupéfaits. Pourquoi n'ai-je pas hurlé sous la violence du châtiment ? Il ne comprend pas.

Mais moi, fou de colère réprimée, je me réfugie aussitôt sous la véranda de la case. Allongé sur une natte, j'y reste toute la journée à ruminer ma rage. Après quelques jours de silence, un matin à l'aurore, alors que les gens sortent pour vaquer à leurs activités quotidiennes et me jettent en passant des regards curieux, tout en ressassant mon humiliation et ma colère, je décide de ne pas rester là à me prélasser. Très calmement, comme si rien n'était, je demande à mon oncle :

— Je peux partir aux champs ?

Il me répond d'un air embarrassé :

— Oui bien sûr, mais il ne faut pas rentrer trop tard comme les autres fois ».

J'ai l'impression qu'il est confus de m'avoir infligé une telle raclée sans s'enquérir des raisons de ma querelle avec son fils et qu'il doit déjà regretter son impulsivité et sa violence. Alors que je marche seul sur le la piste, je sens sur ma nuque les yeux de mon oncle et de la mère de Laobol. Je devine qu'ils se demandent quel genre de garçon je suis et ce que je mijote dans ma caboche. De quel bois dur suis-je donc fait pour n'avoir eu aucun gémissement sous les coups ?

Au premier détour du chemin, à l'abri de leurs regards, j'ôte mon petit tricot pour examiner à la lumière du jour les blessures sur mon corps. La chicotte a bien œuvré ! Ma peau striée d'enflures sanguinolentes n'est pas belle à voir et j'ai bien du mal à retenir mes larmes tant la brûlure des plaies est vive. Je me serais bien passé de ce baptême de feu, mais au fond de moi je suis plutôt fier d'avoir tenu le choc, sans une plainte, un cri, une larme, sous cette injuste et terrible correction. C'est qu'à chaque coup, me revenaient les paroles serinées par mon père et par les maîtres de l'initiation : « Un garçon doit se montrer courageux en toutes circonstances, apprendre à supporter les douleurs quelle que soit leur intensité, à ne pas crier ni pleurer ». Eh bien, pour l'occasion, la leçon a été retenue et la théorie mise en pratique !

Chemin faisant, je continue à ressasser une rancœur tenace quand une idée s'impose à mon esprit : « Je dois repartir chez moi, chez mes propres parents, rentrer au plus tôt au bercail ! » Ma résolution bien ancrée en tête, je continue néanmoins de surveiller les mange-mil qui tournoient au-dessus de ma tête. Avec une cohérence stupéfiante, ils exécutent de véritables ballets dans le ciel éblouissant sans jamais se télescoper. C'est magique !

Me rappelant la recommandation de mon oncle quand je l'ai quitté tôt le matin, je regagne le village dès le début de l'après-midi. Peu m'importe que le champ reste sans surveillance le reste de la journée ! Ses propres enfants devraient y être !

À mon apparition, mon oncle radouci s'empresse de me demander :

— Est-ce que tout va bien ?

— Oui !

Un mot, un seul, un oui net et franc !

Le soir, comme d'habitude, toute la famille est rassemblée pour le repas, sauf Laobol. C'est bien comme ça, je n'aurais pas aimé le sentir près de moi ou croiser son regard. Je me dis : « Pourvu qu'il ne m'accompagne pas demain au champ ! » Car sa présence ou celle de son père risquerait fort de compromettre mon projet de retour à Bendaïdoura !

Ma requête est sans doute entendue puisque le lendemain matin, tout se passe comme je l'ai espéré. Sur le chemin désert, je marche très vite, cours parfois à perdre haleine. Et bientôt le champ de mon oncle est loin derrière moi. Fonçant tout droit vers l'Eréké, à vingt-cinq kilomètres de Békoro, je l'atteins en moins de trois heures et demie !

Ce jour-là la chance est de mon côté ! Quand j'arrive, une pirogue s'apprête justement à traverser ! Le piroguier ne me pose aucune question embarrassante et me transporte sur l'autre rive sans exiger le prix du passage. Me prend-t-il pour un gamin sans le sou ? Je crois plutôt qu'il m'a reconnu comme étant le fils de Laomadji Gué Bissi de Bendaïdoura, le gardien des valeurs traditionnelles de la communauté Laka Païe et qu'il sait que nous avons des parents du côté oubanguien d'où je suis venu.

Quel soulagement en débarquant sur la rive tchadienne ! Je ne risque plus d'être rattrapé par quelqu'un de Békoro. Je fais presque sans effort les quinze kilomètres qui me séparent de Bendaïndoura et j'arrive à la maison au milieu de l'après-midi. À cette heure où la plupart des gens sont encore au champ, je n'y trouve que ma sœur aînée.

— Personne ici n'attendait ton retour aussi vite, me dit-elle, très étonnée de me voir là. Que s'est-il passé ? Tu ne te plaisais pas chez notre grand-père ?

Pour toute réponse, je soulève mon tricot. À la vue de mon corps couvert de plaies, bouleversée, elle me prend dans ses bras et commence à crier. Puis, comprenant qu'il y a mieux à faire, elle me lâche pour chercher de quoi me soigner et rapporte un onguent traditionnel qu'elle applique soigneusement sur mes plaies. Peu après, ma mère et ma seconde sœur revenues du champ découvrent à leur tour les vilaines traces de la chicotte ! Dans quel état suis-je donc ! Leurs cris ameutent tout le village ! Les voisins accourent ! Et moi, l'enfant maltraité, je passe de bras en bras, d'une tante à l'autre ! On me console, on n'arrête pas de me dorloter !

Quand plus tard mon père fait son apparition, il entre directement dans la case sans même jeter un coup d'œil sur le groupe de femmes assemblées autour de moi. Il en ressort peu après pour s'installer sous l'ombrage d'un arbre imposant dressé devant notre concession. C'était là qu'il a l'habitude de se reposer, de prendre ses repas en compagnie d'amis ou de quelques notables du voisinage. Mais quelle surprise lorsqu'il me voit avancer vers lui avec une cuvette d'eau pour qu'il se lave les mains avant de prendre le repas apporté derrière moi par ma sœur aînée. Après avoir posé la cuvette, je lui tends la main pour le saluer. Il la prend en silence, la secoue plusieurs fois et finit par dire :

— Hé ! Hé ! Laokolé, tu es revenu trop tôt de Békoro, je ne pensais pas te voir aujourd'hui ! Que t'est-il donc arrivé ? Et pourquoi ces blessures sur ton corps ?

— Je me suis bagarré avec mon oncle, le chef de village de Békoro.

Il s'esclaffe bruyamment :

— J'espère que tu ne l'as pas terrassé !

C'est tout. La conversation s'arrête là sans qu'il s'informe davantage. Pour lui, c'est une histoire de famille qui doit rester sans conséquence.

Comme il fallait s'y attendre, mes parents de Békoro s'étaient inquiétés de ma disparition. Le jour suivant, vers dix heures, deux jeunes gens dépêchés par mon oncle arrivent chez nous pour s'enquérir de mes nouvelles. Rassurés de me savoir là sain et sauf, ils veulent repartir aussitôt pour rapporter la bonne nouvelle à Békoro : le petit Laokolé est bien arrivé à Bendaïdoura ! Mais on les retient pour partager notre repas du soir. Ils ne prennent le chemin de retour que le lendemain à l'aube.

Personne n'a soufflé mot à mon grand-père de ces fâcheux événements. S'était-il étonné de ne pas me voir lui apporter sa pipe de tabac et la braise pour l'allumer ? Son fils, le chef de village qu'il a pourtant choisi en toute confiance pour être mon tuteur, est demeuré muet. Qu'aurait pensé ce grand-père si bienveillant à mon égard s'il avait appris ma bastonnade et mon départ précipité ? Il n'aurait sans doute pas manqué de demander des explications. Moi, j'ai dans mon cœur le regret de ne pas lui avoir fait mes adieux. En revanche, ma rancune contre mon oncle et son épouse vindicative demeure vive et entière. Cette grande femme brune aurait volontiers vengé son fils en me donnant elle-même ce petit coup sec et douloureux des doigts sur la tête, le « n'kô » que les femmes ont l'habitude d'infliger aux enfants têtus.

Je n'ai jamais revu mon oncle et mon cousin Laobol. Et je n'ai jamais regretté la bagarre qui a mis fin une bonne fois pour toutes aux prétentions dominatrices de mon cousin.

Durant mon enfance, les parents et gens d'expérience avaient beau prodiguer conseils et interdictions, les enfants étaient souvent victimes d'accidents plus ou moins graves dus à leur imprudence ou leur témérité. Et moi, comme tant d'autres adolescents étourdis, je n'ai pas échappé à la règle. Peu après mon retour de Békoro, j'ai eu un accident qui me couta un orteil.

Nous sommes en juin, période de débroussaillage, labourage et semis des champs. Depuis deux mois, pas une goutte de pluie n'est tombée sur la région. La terre est sèche et dure. Les jeunes pousses de mil, maïs, haricot ou coton flétrissent et crèvent. Malgré cela, la plupart des femmes valides de Bendaïdoura sont réquisitionnées pour défricher le champ de coton du chef de village car pendant cette période de la colonisation travailler gratuitement pour le chef de village, le chef de canton ou l'administrateur chef de district, est une pratique courante. Ce jour-là, mon père me demande d'accompagner l'une des épouses de Gagata, son frère cadet, requise pour cette corvée collective. Je dois m'occuper de son bébé de quatre mois qu'elle ne peut laisser seul à la maison. L'enfant n'arrête pas de pleurer. Je le prends dans les bras, le berce sans réussir à le calmer. A-t-il faim, une dent qui pousse ou est-il simplement malheureux d'être séparé de sa mère qui trime au soleil avec d'autres compagnes ? Au bout d'un moment, ne supportant plus ses cris, je le porte à sa mère. Elle s'arrête de travailler pour le prendre et, adossée contre un arbre, elle commence à l'allaiter. Je m'accapare alors de sa houe posée près d'elle pour la remplacer auprès des autres femmes. Elle proteste aussitôt :

— Non ! Non, Laokolé, pose cette houe et reste ici avec moi ! Tu n'es pas encore assez fort pour travailler dans ces conditions. Je vais bientôt finir d'allaiter ton petit cousin, il sera calmé et tu t'en occuperas.

Mais je ne l'écoute pas et, sa houe en main, je pars résolument pour prendre place parmi les travailleuses.

La terre est dure et sèche. Ma houe fait seulement gicler quelques mottes sans parvenir à arracher la moindre touffe de mauvaise herbe, coriace et profondément enracinée. Mais je m'obstine et soudain ma lame ripe et s'enfonce dans un orteil de mon pied droit. Sous la douleur aiguë irradiant tout mon corps, je tombe en gémissant, mes deux mains pressant le pied blessé. Toutes à leur labeur, aveuglées par la sueur et la poussière qui s'élève du sol desséché, les femmes près de moi ne remarquent rien. Dominant ma douleur, j'ai la présence d'esprit de couper une feuille de l'arbuste voisin pour l'enrouler autour de mon orteil blessé en l'attachant serré avec du « bititi », une tige d'herbe très résistante. Ce pansement élémentaire n'apaise pas les élancements de plus en plus violents et n'arrête pas non plus le sang qui coule abondamment.

Une fois le bébé rassasié et endormi, ma tante me hèle pour le surveiller de nouveau. Je m'approche d'elle à cloche-pied. En découvrant ma blessure, elle me raccompagne dare-dare chez nous en évitant de me rappeler les conseils qu'elle m'avait donnés et que je n'ai pas voulu écouter ! Je suis suffisamment puni et nul besoin de recevoir en plus une leçon de morale ! La nuit, mon pied se met à enfler et me fait terriblement souffrir. Je tourne et me retourne en gémissant de douleur dans le grand lit que je partage avec mon père. Réveillé, celui-ci allume du feu et veut examiner ma blessure. Un flot de sang en jaillit dès qu'il ôte le pansement. Mon pied déformé a déjà très vilaine apparence. Ma mère fait chauffer de l'eau en y ajoutant une poignée de sel, nettoie la plaie et refait le pansement sans pour autant me soulager. Je ne dors pas de la nuit. Le lendemain et les jours suivants, l'enflure de mon pied gagne la jambe et les douleurs s'intensifient.

Aucun centre de soin médical n'existe dans notre localité, ni dans notre canton, ni même à Bessao, un autre grand canton situé à plus d'une dizaine de kilomètres. On me soigne donc avec les remèdes traditionnels. Pendant toutes ces nuits où je souffre sans pouvoir trouver un instant de sommeil, mon père veille sur moi, nettoie la plaie, renouvelle le pansement souillé de pus et de sang. Mais, en dépit de tous ces soins, il n'y a aucune amélioration, bien au contraire ! Ma jambe entière gonfle, la douleur est insupportable et je ne peux plus marcher.

L'inquiétude commence à gagner ma famille, puis toute notre communauté. Partout dans le village on parle de mon état. Mes compagnons habituels de jeux se regroupent à mon chevet pour me tenir compagnie et me soutenir dans cette épreuve.

Mon frère aîné installé à Baïbokoum, le chef-lieu du district, informé de l'accident, envoie deux de ses connaissances auprès de mon père afin de me faire évacuer en urgence au dispensaire de Baïbokoum, l'unique centre hospitalier de toute notre région et distant de Bendaïdoura de plus de 75 kilomètres. Mais comment s'y rendre ? Personne dans le village ne possède un moyen de locomotion, évidemment pas d'automobile, ni même une bicyclette, un cheval, âne ou charrette à bœufs ! À la grande surprise de mes parents, l'un de mes cousins, le fils de mon oncle maternel, propose alors de me transporter sur son dos jusqu'au dispensaire. C'est comme ça, avec moi attaché sur son dos, qu'il marche pendant deux jours avant d'atteindre Baïbokoum. Certes, je ne dois pas être bien lourd n'ayant pas avalé grand-chose depuis quelques jours, néanmoins quel courage ! Le lendemain, accompagné de mon frère aîné, il me transporte, toujours sur son dos, au centre hospitalier, un bâtiment fort modeste mais très propre et assez bien équipé. Deux aides-soignants installent les patients sur des bancs et, selon leur ordre d'arrivée, les introduisent ensuite dans la salle de consultation.

Je ne sais combien de temps j'attends mon tour ! Un infirmier de l'ethnie Sara, de grande de taille, le teint foncé et les joues scarifiées signifiant qu'il a subi les épreuves d'initiation, me reçoit enfin. Vêtu d'une blouse blanche impeccable, très professionnel, il commence par me faire asseoir sur un haut tabouret avant de saisir une pince pour ôter le pansement rudimentaire souillé. Puis il arrose la plaie avec un liquide tiède que je ne connais pas. Bizarrement, sa couleur ambrée me rappelle la « bilibili » notre boisson locale ! Ce n'est qu'après avoir nettoyé minutieusement la plaie avec une compresse tenue au bout d'une pince stérile, qu'il regarde d'abord mon frère, jette un coup d'œil rapide sur moi et déclare en Sara :

— Jeune homme, je vais couper l'orteil blessé pour t'éviter la gangrène.

Que dire ? Seul, « ce docteur » sait ce qu'il faut faire et nous ne répondons pas.

L'opération est vite expédiée, sans aucune anesthésie ! Un linge blanc posé sur la table d'intervention, mon pied posé dessus arrosé d'eau stérile, une pince soulevant l'orteil blessé, d'un coup de cisaille tenu d'une main ferme, l'infirmier le tranche net.

Je reste stoïque en serrant les dents. Mon chirurgien s'attendait-il à ce que je me débatte ou crie ? Il se tourne vers mon frère en remarquant :

— Ce gosse est formidable ! Je vois qu'il a bien retenu les leçons de l'initiation ! Il n'a ni crié, ni pleuré. Pourtant, c'est un moment difficile qu'il vient de vivre ! C'est déjà un homme !

Là-dessus, il me fait un bon pansement suivi d'une piqûre dans la fesse, sans doute une injection d'antibiotique.

Une semaine plus tard, je me présente au dispensaire pour renouveler mon pansement. Tout va bien, la plaie est en voie de guérison. On la nettoie à nouveau avec un antiseptique de couleur bleue, que j'apprendrai plus tard être du bleu de méthylène. Comme je marche pieds nus, l'infirmier me conseille de ne pas cogner mon pied blessé sur une souche ou une pierre. Au bout de trois semaines, la plaie est complètement cicatrisée et moi je suis très satisfait de cette médecine moderne. Je n'ai alors qu'une envie : revenir à Bendaïdoura près de mes parents. Mais mon frère ne parle pas de mon retour au village car il n'y a personne pour m'y raccompagner car il ne faut plus compter sur le cousin qui m'avait transporté sur son dos. Celui-ci est maintenant loin, au Cameroun où vivent de nombreux membres de notre communauté descendants de ceux amenés là-bas par les razzias arabes avant la colonisation ou ceux partis plus récemment à la recherche d'un mieux.

Il me faut ici ouvrir une parenthèse pour évoquer ce cousin que je n'ai jamais plus revu. On nous avait rapporté qu'au Cameroun il s'était converti à l'Islam et qu'après avoir fréquenté l'école coranique il était devenu un marabout renommé que certaines personnalités camerounaises, parmi lesquels Ahmadou Ahidjo, le premier président de la République fédérale du Cameroun, venaient consulter. Installé dans la ville de N'Gaoundéré, il passait pour l'un des grands notables de ce pays. En 1982, quand j'avais dû quitter N'Djaména à cause des combats qui ravageaient notre capitale, j'avais regagné le Sud du Tchad en passant par Garoua au Cameroun où j'étais resté trois jours. Là-bas, j'avais vainement essayé de retrouver ce parent marabout à qui je dois sans doute la vie. En fait, nous nous étions ratés de peu. Lui-même, accompagné de ses deux fils, s'était déplacé pour me rencontrer à Garoua que par malchance j'avais quitté la veille ! Il est mort en 2002. Mais avant que je ne parte moi-même, je souhaite me rendre un jour à N'Gaoundéré pour m'incliner sur sa tombe et expliquer à ses enfants comment leur père m'avait évité de mourir de gangrène ou de tétanos en me portant sur son dos jusqu'au centre hospitalier de Baïbokoum. D'une certaine façon, leurs vies tenaient à la mienne puisque c'est à cause de ma blessure qu'il avait refait sa vie au Cameroun.

« Laokolé, mon fils, si tu suis bien ce chemin et t'y appliques, tu seras le pilier de la famille ».

Ce sont les dernières paroles que m'adresse mon père en 1948, en présence de tous ses enfants, sur son lit de malade. Normalement, je devrais être en classe, au cours préparatoire, mais j'ai tout quitté pour être à son chevet avec les autres. Pendant une semaine, il lutte contre la mort. Parfois, il va mieux et demande alors à mon frère aîné de me faire retourner à l'école. C'est dans l'un de ces moments de rémission qu'il me prend la main droite entre les siennes pour me donner cette ultime ligne de conduite que je ne comprends pas très bien. Que veut-il dire par chemin ? Le seul chemin que j'envisage est de le remplacer dans ses fonctions de gardien des valeurs traditionnelles de la communauté Laka Païa. Et les notables du village qui, un mois après la mort de mon père, réclament mon retour à Bendaïdoura, me confortent dans cette idée. Ce n'est pas celle de mon frère aîné qui s'y oppose fermement. Pour lui, le seul chemin dont avait parlé mon père est celui de l'école des Blancs ! Il n'en démord pas.

J'ai déjà raté quelques années de ce nouvel apprentissage parce qu'en 1942 l'entrée à la première école de Baïbokoum m'a été refusée.

Un grand événement cette école ! Une semaine avant son ouverture, le crieur public, délégué par le chef de district, a ameuté tous les quartiers d'un tam-tam retentissant pour annoncer la nouvelle. Pour le moment, elle ne comporte qu'une seule classe, le cours préparatoire 1ère année appelé couramment, le cours débutant, et pour y être admis, les enfants âgés de 6 à 7 ans devront s'inscrire préalablement auprès du directeur, un jeune Camerounais, nommé Ndongo Marc. Un matin, alors que je m'apprête à accompagner mon grand frère au champ, celui-ci me dit : « Aujourd'hui, j'irai seul, reste à la maison. Au lever du soleil, tu iras t'inscrire à l'école ». Puis, il part avec sa houe et ses deux sagaies.

C'est pourquoi, pour obéir à sa directive, je me joins aux enfants du quartier qui se dirigent vers le nouvel établissement, un grand bâtiment rectangulaire coiffé d'un toit de paille. Dans la cour, nous sommes nombreux à attendre Ndongo, le maître. Il apparaît enfin, prend place derrière un bureau et ouvre un registre pour y inscrire le nom des enfants qu'il admettra à suivre les cours. Il examine attentivement chacun d'entre eux avant de décider s'il l'inscrit ou non, selon sa convenance ! Quels sont les critères de son choix ? Personne ne le sait ! Quand vient mon tour, il m'observe un court instant et, d'un geste, me renvoie pour céder la place au suivant. Pourquoi ? Lui ai-je paru trop jeune ou trop âgé, pas assez dégourdi ou trop ! Il ne me l'a pas dit ! Et, bien sûr, je ne lui ai demandé aucune explication ! Le soir, je raconte l'histoire à mon frère qui ne pipe mot. Est-ce à cause du destin que personne ne peut infléchir que j'ai été refusé à cette école ? Pour lui comme pour mon père, c'est ainsi, il faut accepter.

Une semaine plus tard, faute d'aller en classe, je reviens à Bendaïdoura accompagné de mon grand frère, résigné malgré ses réticences à répondre aux souhaits des notables avec lesquels il ne tient pas à se brouiller. Le trajet à pied s'effectue comme d'habitude en deux jours. « Pour l'école, on avisera l'année prochaine », me dit mon aîné avant de repartir. Je reprends donc aux côtés de mes autres frères et sœurs mon travail qui consiste à surveiller notre champ de mil. Je suis devenu très utile auprès de ma mère désormais veuve.

À la même période, on voit arriver au village un inconnu dont la mission est en premier lieu de répandre la bonne parole du Christ et, deuxièmement, d'apprendre à lire et à écrire aux habitants. Dans chaque foyer, on palabre beaucoup sur cette situation inattendue. Les vieux, toujours méfiants, disent :

— Cet étranger ne parle que d'un homme qui s'appelle Jésus. Il affirme qu'il est le fils de Dieu. Nous ne savons pas d'où il vient et nous nous demandons si ce qu'il dit est vrai. Et qu'allons-nous faire de nos petits dieux qui représentent pour nous les différentes forces de la nature et à qui nous faisons appel pour conjurer tel ou tel mal ? En plus, cet homme veut nous interdire de consommer la bilibili et adorer nos divinités ancestrales. Qu'il aille prêcher ailleurs mais pas ici, pas chez nous.

Les jeunes répliquent :

— Cette religion nous semble bonne pour vivre ensemble et en paix. Écoutons-le d'abord !

C'est ainsi que mes trois sœurs aînées suivent les cours d'évangélisation. Un jour au retour du champ, elles attendent la fin du repas pour nous interpeller mon petit frère et moi :

— Vous savez, nous expliquent-elles avec sérieux, toutes les trois nous allons régulièrement écouter l'évangéliste qui vient de s'installer au village. Il nous raconte ce que faisait et disait Jésus en Palestine. Et nous avons bien compris qu'après la fin des temps il y aura un jugement pour tous les hommes, les morts seront ressuscités pour y assister. Après l'examen de leurs actes sur terre, les bons seront admis au paradis où le bonheur est éternel, les mauvais iront tout droit chez Satan, en enfer où ils brûleront pour toujours. Nous, vos sœurs, voulons être sauvées ! Aussi, toutes les trois, avons décidé de suivre l'enseignement du Christ qui nous semble bien. Qu'attendez-vous pour venir avec nous chez l'évangéliste ? Il en dépend de votre avenir après votre mort, le paradis ou l'enfer !

Mon petit frère et moi, sommes effrayés par ce qu'elles viennent de nous dire. Non, nous ne voulons pas connaître une fin aussi triste ! Voilà pourquoi mon jeune frère et moi nous demandons aux parents l'autorisation d'aller rencontrer l'homme de Dieu. Ils commencent par refuser mais finalement ils nous conduisent le soir même chez l'évangéliste. Notre conversion a été si rapide qu'en revenant à la maison nous avons déjà oublié les prénoms chrétiens qui viennent de nous être donnés ! Lorsque nos sœurs nous les demandent nous répondons ensemble : « Jean ! »

Elles s'étonnent :

— Mais vous êtes deux frères, pourquoi avez-vous accepté de recevoir le même prénom ? Enfin, si vraiment vous y tenez, toi l'aîné tu peux t'appeler Jean-Baptiste Laokolé et toi, le plus jeune, Jean Balé.

Nous acceptons l'arrangement ! Et depuis nous allons régulièrement aux cours de l'évangéliste avec d'autres jeunes gens et jeunes filles de Bendaïdoura. Mais comme tout le monde travaille aux champs pendant la journée et n'en rentre qu'à la nuit, en accord avec l'évangéliste, les cours commencent à dix-huit heures trente autour d'un feu allumé dans la cour de l'église, chacun apportant des fagots pour l'alimenter. Ils connaissent rapidement un grand succès malgré la réticence des vieux beaucoup plus réservés quant à la nécessité de s'évangéliser. La moitié du temps est réservée à l'apprentissage des chants religieux et à l'explication de la parole de Dieu, l'autre moitié à celui de la lecture et de l'écriture. Comme nous n'avons ni cahier, ni même d'ardoise, nous dessinons les lettres de l'alphabet à même le sol en recopiant celles que le maître inscrit à la craie sur une plaque de contreplaqué d'environ une cinquantaine de centimètres de long sur quarante de large, noircie au charbon. J'apprends vite. En remarquant mes progrès, l'enseignant fait parfois appel à moi pour m'occuper des nombreux nouveaux.

Plus tard, alors que depuis longtemps déjà je suis les cours de catéchisme, je me souviens que l'évangéliste m'a attribué le prénom d'Elie. Il m'avait expliqué qu'Elie était un prophète fervent du Christ, qu'il avait prié pendant plus de trois ans de sécheresse pour faire tomber la pluie sur terre. C'est donc un beau prénom chargé de significations. Je préfère tout de même garder celui de Jean-Baptiste auquel je me suis habitué.

Vers le mois de novembre, mon frère aîné envoie me chercher à Bendaïdoura pour entrer dans une école de Baïbokoum nouvellement créée par un missionnaire protestant. Mais, bien avant la fin de l'année scolaire, les autorités administratives décident de sa fermeture en prétextant qu'elle est privée. La vraie raison est autre. En fait, on reproche aux protestants d'avoir voté massivement en faveur des candidats du PPT-RDA lors des élections de 1945 et 1946 aux dépens de ceux soutenus par l'administration coloniale. Non seulement les établissements tenus par des protestants sont fermés mais, en outre, des instructions sont données pour qu'aucun élève venant d'une de ces écoles privées soit admis à l'école publique officielle. Ainsi, les enfants payent-ils très cher l'opinion de leurs parents. Beaucoup d'entre eux quittent alors la région pour se faire inscrire dans les écoles des pays voisins, Cameroun, Oubangui-Chari entre autres ou dans celles des districts tchadiens proches comme ceux de Doba, Moundou, Kélo…

Mon frère aîné, un notable respecté d'un quartier de Baïbokoum, ne l'entend pas de cette façon et, bravant l'interdiction de l'administrateur, part un samedi soir pour rencontrer le directeur de l'école, le Camerounais Marc Ndongo. Il ne vient pas les mains vides ! Pour l'inciter à m'inscrire, il lui apporte en cadeau un poulet et la coquette somme de 125 francs CFA ! Dans notre pays pauvre, c'est suffisant pour adoucir les réticences d'un instituteur guère payé et assouplir une réglementation arbitraire. Voilà comment, grâce au petit coup de pouce de mon frère, je suis admis au cours préparatoire 2ème année de l'école officielle de Baïbokoum ! Ce changement brutal intervenu en plein milieu de l'année scolaire ne me perturbe pas trop. Je deviens le deuxième de la classe et passe sans problème au cours supérieur. Je pense alors qu'il me faudra continuer le cycle primaire à Moundou, le chef-lieu du Logone, qui rassemble tous les jeunes élèves de la région. Mais cette année-là, l'école de Baïbokoum innove le cours élémentaire où j'ai été admis. Un nouveau directeur d'école, également Camerounais, remplace Marc Ndongo parti en congé. Malheureusement, alors que l'année scolaire vient de débuter, la foudre tombe sur le bâtiment tout neuf de l'école qui est ravagé par le feu. Faute de toit et de murs pour nous abriter, nous avons classe sous les grands arbres de la cour lesquels ne nous protègent pas des averses diluviennes s'abattant sur la région pendant la saison des pluies ! Ces cours en plein air durent deux ans, le temps de la construction d'un nouveau et grand bâtiment. Mais je ne profite même pas de ces classes toutes neuves puisque je dois terminer le primaire à Moundou où ont lieu les cours moyens première et deuxième année.

« Le destin d'un homme ressemble à celui d'un cours d'eau, même un arbre tombé dans son lit n'en modifie pas la direction qu'il suit inexorablement. »

À l'école régionale de Moundou, nous sommes une vingtaine d'élèves dans le cours moyen première année. Mais une fois de plus, le destin intervient pour entraver ma scolarité. Peu après mon arrivée, je tombe gravement malade. Hospitalisé, je mets plus de trois mois à guérir perdant ainsi le premier trimestre d'enseignement. Un grand retard et un sérieux handicap ! Le chef du secteur scolaire du Logone, qui n'a jamais interrompu le versement de la bourse auquel j'ai droit, veut me ramener à Baïbokoum pour refaire le cours élémentaire 2ème année. En attendant de m'y conduire lui-même lors de sa prochaine inspection dont la date n'est pas encore fixée, il demande à son épouse, institutrice chargée du cours moyen 1ère année, de m'accepter provisoirement dans sa classe. En cette fin de trimestre ont lieu des examens de contrôle. L'institutrice, madame Bourreau, me propose :

— Veux-tu passer les épreuves avec les autres ? T'en sens-tu capable ?

Je réponds sans hésiter :

— Oui, je veux bien.

Elle me fournit alors le matériel scolaire, cahiers, encrier, porte-plume, règle, buvard et autres, indispensable aux devoirs et que je n'ai pas. Et je me mets au travail. Quand parvient la proclamation des résultats, surprise ! J'ai réussi l'examen en étant classé deuxième ! Le chef de secteur scolaire du Logone revient alors sur sa décision : je peux rester à Moundou au cours moyen 1ère année, dans la classe de sa femme, madame Bourreau. Je m'applique tant que je deviens l'un de ses meilleurs élèves, disputant la première ou la deuxième place à l'un de mes camarades, originaire du district de Kélo situé à une centaine de kilomètres au nord de Moundou, un certain Benoît Pircoloussou.

Admis au CM2, je continue à travailler dur pour rester un bon élève. Je me distingue surtout en calcul. Je termine ainsi le cycle primaire et obtiens sans difficulté le diplôme qui le sanctionne, très apprécié à l'époque, le Certificat d'Études Primaires (CEP). Quelques jours après cet examen, je me présente à trois concours qui devraient, selon les notes obtenues, me donner la possibilité de poursuivre des études secondaires soit au lycée Félix Eboué de Fort-Lamy, soit au collège de Bongor jusqu'en troisième, ou encore d'entrer à l'école des enfants de troupe de Brazzaville au Congo. Les grandes vacances scolaires ne permettant pas de contacter chaque élève, les résultats de ces concours sont d'abord communiqués au chef-lieu du district qui en informe ensuite les candidats de sa juridiction. Dans la deuxième quinzaine de mai, je suis ainsi convoqué par l'administrateur de Baïbokoum. Il m'annonce ma brillante réussite à chacun d'eux. J'ai donc le choix ! J'opte pour le collège de Bongor, plus près de chez moi. Mais avant d'y être définitivement admis, je dois obligatoirement passer une visite médicale à Moundou. Là, un médecin me déclare inapte à poursuivre des études ! J'en reste stupéfié ! Quelle maladie sournoise et inconnue, quel germe invisible torpille ainsi mon avenir ? Je l'ignore car personne à l'hôpital de Moundou ne répond à mes légitimes questions.

« C'est comme ça, tout est écrit d'avance pour chaque être vivant, le cours d'un fleuve ne dévie pas, c'est le destin ! ». Il faut donc me résigner, suivre le chemin qui m'est prédestiné !

Cependant, le nouveau chef de secteur scolaire du Logone qui, outre ses fonctions administratives et pédagogiques, est également chargé de la classe du CM2B, me fait une proposition : « Laokolé, rejoins le groupe d'élèves recalés aux concours que je veux recruter en tant que moniteurs d'enseignement. »

J'accepte, et à la prochaine rentrée scolaire, sans avoir reçu la moindre formation pédagogique, je commence à faire la classe aux élèves du cours élémentaire de l'école de Moundou. Mais enseigner ne me plaît pas et une question me taraude : si pour des allégations médicales je suis inapte à poursuivre des études, pourquoi ne le suis-je pas pour enseigner ? Quelles sont les véritables raisons qui m'ont empêché de partir au collège de Bongor ? Je ne comprends pas et demande des éclaircissements au chef du secteur scolaire qui, j'en suis certain, est en mesure de me les donner.

— Laokolé, me répond-il, « comment veux-tu que je le sache ? Ton dossier médical est confidentiel, ni toi ni moi n'y avons accès. C'est tout ! Je ne peux t'en dire plus. »

Ah, c'est là son explication ! Il ne peut m'en dire plus ? Ma décision est vite prise ! Je lui lance :

— « Dans ce cas, je quitte l'enseignement ! »

Dès le lendemain, je lui rends les fournitures scolaires qui m'ont été prêtées pour pouvoir enseigner. Il me fixe alors d'un air mauvais et me prévient :

— Mon bonhomme, par ton attitude irréfléchie, tu te condamnes à ne jamais travailler dans la fonction publique ! »

Je n'ai enseigné que deux mois. La nuit suivante, la pensée désagréable d'être stoppé à ce stade des études ne me quitte pas. Jusque-là j'avais été très fier de mes résultats scolaires, mes cahiers, surtout de calcul, étaient montrés aux élèves, j'étais cité en exemple, pourquoi cette brusque interruption de mon parcours scolaire au moment précis où je brûle d'envie d'apprendre davantage ?

Pendant les deux mois suivants, je reste prostré dans la petite case de location que je partage avec deux autres cousins venus de l'Oubangui-Chari. Bientôt j'y reste seul, mes colocataires ayant quitté Moundou. L'un, Philippe Nokolo a rejoint l'école d'agriculture de Ba-Illi au Chari-Baguirmi, l'autre, Albert Bogoté, est entré au centre de formation des élèves moniteurs de l'enseignement à Bongor, au Mayo-Kebbi. Mon esprit est tourmenté et je ne fais que ruminer les mêmes questions. Les déboires rencontrés au cours de ma scolarité sont-ils vraiment dus au hasard ? Ne me sont-ils pas tombés dessus pour me rappeler que mon devoir est de remplacer mon père dans son rôle de gardien des valeurs traditionnelles des Laka Paï ? Il me faut donc regagner le village pour apprendre nos us et coutumes ancestrales auprès de nos vieux parents. Mais par ailleurs, en ces temps nouveaux où les destins changent avec l'apparition des écoles, mon père ne m'a-t-il pas sur son lit de mort indiqué une autre voie ? C'est ce que pense mon frère aîné. Il me répète que pour moi le chemin voulu par mon père est celui des études et qu'il faut que je respecte ses dernières volontés. Alors j'hésite, ne sais plus quoi faire. Un vrai dilemme ! À qui me confier pour essayer d'y voir plus clair ?

J'ai un cousin qui travaille comme chauffeur dans une entreprise de transport à Moundou, l'Uniroute. Un moment, j'avais envisagé de loger chez lui, mais les humeurs capricieuses de sa femme m'en avaient dissuadé. Cela ne m'empêche pas de lui rendre visite de temps à autre. Il saura peut-être me guider utilement ?

Mais quand je lui fais part de mes hésitations et de mes questions, il me conseille fermement d'accepter le travail d'enseignant qui m'a été proposé. À son avis, je n'ai pas d'autres alternatives car les Blancs me fermeront désormais toutes les autres portes. Ce n'est pas ce que je veux entendre ! Je le quitte bien décidé à ne pas reprendre ma classe ! Malheureusement, ce refus obstiné ne résout pas mon problème !

Par un matin brumeux du mois d'août, je vais voir l'un de mes amis également en quête de travail. Après avoir discuté et envisagé bien des solutions, nous décidons de faire un tour dans les bureaux de la préfecture en nous arrêtant d'abord à la poste où les propositions de travail sont habituellement affichées. Là, nous tombons sur deux avis de concours : l'un pour recruter des élèves infirmiers, l'autre pour former des opérateurs en radio électricité. C'est ce denier appel qui retient notre attention. Nous n'avons jamais entendu parler de ce métier et, faute de renseignements, parce que le mot opérateur s'apparente dans nos esprits à celui de chirurgien, nous pensons immédiatement à une spécialité du secteur médical qui nécessitera de longues études puisqu'il s'agit d'opérer des gens ! Avec un troisième camarade venu nous rejoindre, comme nous très intéressé par ce métier qui offre à nos imaginations de belles perspectives, nous posons immédiatement nos candidatures.

En septembre, le Receveur des Postes, Télégraphes et Téléphones (PTT) de Moundou nous convoque tous les trois. Dix places ont été proposées mais il n'a reçu que nos trois candidatures. Aussi, sommes-nous recrutés d'office. Il nous confie alors au chef de la station radio électricité qui commence aussitôt notre formation en nous apprenant l'alphabet morse, un langage nouveau dont nous n'avions aucune connaissance. Nous apprenons à taper sur un récepteur des sons plus ou moins longs, ti ti, ti, ti, ta, ta, ta, tatati, titita, qui s'entendent instantanément à une distance incroyable et se traduisent en mots et en phrases. C'est ainsi que nous recevons ces messages codés et les interprétons. C'est merveilleux et nous sommes tous fascinés !

Dans ce bureau, les employés, surtout des étrangers, plus spécialement Oubanguiens, Camerounais ou Congolais, nous ont chaleureusement accueillis. L'ambiance est bonne et je m'y plais. Ce n'est donc pas un mauvais choix, même si le hasard y est pour beaucoup. Mais est-ce bien le hasard ?

En octobre, un agent français dépêché de Fort-Lamy est chargé de nous conduire de Moundou à Fort-Archambault pour terminer cette formation très technique dans une école de radio électricité. Pour tous les trois, c'est notre première sortie hors de notre région natale, le Logone, alors la plus peuplée du Tchad.

Quel voyage sur des routes pleines de bosses, de nids de poules, d'eaux stagnantes. Nous n'arrivons à Koumra, l'un des chefs-lieux de district de la région du Moyen-Chari, presque à mi-chemin entre Moundou et Fort-Archambault, que le soir vers vingt heures où nous sommes hébergés dans la case de passage, près des bureaux du chef de district. Le lendemain matin, je pars le premier pour puiser l'eau de notre toilette dans un puits situé à cinq cents mètres, reconnaissable de loin par les nombreuses femmes qui s'affairent autour de lui. Quatre ou cinq d'entre elles, tirent à bout de bras l'eau du puits à l'aide d'une très longue corde à l'extrémité de laquelle est accrochée une calebasse ne contenant que deux ou trois litres d'eau. Mais quel n'est pas mon étonnement ? Ces femmes, la plupart jeunes et belles, ne portent qu'une bande étroite de tissus devant leur sexe, retenue par une ficelle autour des reins. Quand elles se courbent pour puiser l'eau, elles offrent aux regards leurs fesses nues. Je suis très gêné. Faut-il baisser les yeux, tourner le dos ? Pourtant ma présence masculine ne les perturbe pas ! Au bout d'un moment, prenant mon courage à deux mains, je tends une pièce de cinq francs à l'une d'elle en lui demandant de m'aider à remplir mon récipient. Elle accepte sans problème.

De retour auprès de mes camarades, je leur décris la scène du puits à laquelle je viens d'assister. Ils sont très intéressés. Nous commençons donc par collecter vingt-cinq francs CFA à offrir aux femmes pour puiser notre eau. Ils profitent de l'absence de notre accompagnateur, parti en visite d'abord à la préfecture puis à la station de radioélectricité, pour se rendre à tour de rôle au puits. Chacun en revient trente minutes plus tard surpris et excité. Nous prolongeons nos discussions sur le sujet au cours du voyage, en présence même de notre accompagnateur français et des deux Tchadiens de Fort-Lamy, le chauffeur et le mécanicien, qui heureusement ne comprennent rien à nos intarissables commentaires exprimés dans notre langue maternelle. Auparavant, nous avions parfois rencontré dans notre région natale des Saras, fonctionnaires, manœuvres ou voyageurs allant à l'aventure, mais bien sûr aucun n'avait évoqué la nudité de ces femmes dont la beauté naturelle nous a séduits. Et, en jeunes gens émus, nous n'arrêtons pas de comparer les manières dont les femmes protègent leur intimité selon les coutumes de leurs ethnies. Ainsi, chez nous, elles portent des bouquets de feuilles retenues par une ceinture de ficelle qui les cachent aussi bien devant que derrière.

Par ailleurs, nous avons également été frappés par la longueur de la corde tirée pour ramener l'eau du puits. Dans notre région, les puits n'ont pas une telle profondeur. L'eau ici est donc rare et précieuse. Nous comprenons alors pourquoi nous avions entendu les voyageurs se plaindre de la parcimonie des habitants qui renâclent parfois à offrir une calebasse d'eau pour étancher la soif des étrangers de passage.

Cette sortie hors de notre environnement habituel se révèle donc pleine de surprises et très instructive. C'est pour nous une aventure qui nous fait découvrir un monde insoupçonné. Un apprentissage aussi de la vie, loin de notre famille, de notre milieu, de notre région.

À Fort-Archambault, nous nous intégrons à une quinzaine d'étudiants qui ont commencé leur formation trois mois auparavant sous la direction d'un marin français, un fonctionnaire donné en exemple pour sa compétence et sa rigueur au travail.

Après un rapide contact pendant lequel on nous fournit les fournitures nécessaires au suivi des cours, la direction de l'établissement nous a présenté à nos « parrains », des fonctionnaires des PTT chez qui nous logerons moyennant la moitié de la bourse qui nous est allouée. Je prends ainsi pension chez un Tchadien, le seul opérateur radio, un ancien militaire originaire de la région du Moyen-Chari. Quant à mes deux camarades, l'un est logé chez un Centrafricain responsable de la station radio et l'autre chez l'employé qui le seconde.

Comme nous avons pris du retard sur nos camarades arrivés avant nous, nous sommes obligés de mettre les bouchées doubles pour être à leur niveau. Personne d'ailleurs ne semble s'en soucier outre mesure car nous autres « Logonais » avons la réputation, d'être des bourreaux de travail et des gens têtus !

Un mois après notre arrivée à Fort-Archambault, j'ai un problème qui peut paraître sans grande conséquence et qui pourtant risque de compromettre mon avenir. Je ne sais pourquoi et très curieusement le responsable qui dirige le cours et qu'on appelle Chef, déforme mon nom Laokolé en

Laokélé. Ce qui évidemment n'a pas du tout la même signification ou plutôt ne veut plus rien dire ! Comment a-t-il fait pour m'inscrire dans son registre avec une telle faute alors que sur tous les papiers administratifs mon nom est parfaitement orthographié ? Entendre mon nom ainsi écorché à chaque appel avant le début des cours m'irrite de plus en plus. C'est pourquoi, un certain matin, après avoir répondu présent, j'apostrophe l'enseignant : « Chef, mon nom est Laokolé et non Laokélé ! »

Un lourd et long silence suit ma remarque. Tous les regards sont braqués sur moi. Pourquoi ? Qu'ai-je dit de si mal ?

Le chef relève alors la tête et me demande sévèrement :

— Tu n'es pas content ? »

— Chef, je voudrais simplement que vous m'appeliez Laokolé car Laokélé n'est pas mon nom, c'est tout.

— Bien, nous verrons si ce n'est pas là ton nom, conclut-il d'un ton sec.

Je perçois une menace dans ses paroles. Je ne comprends pas. Il me semble normal que je demande que mon nom ne soit pas estropié !

Pendant la récréation, et à la sortie de la classe, les élèves ne parlent que de ça. Les uns disent que j'ai raison et que le chef a pris bonne note de ma réaction et rectifiera certainement l'orthographe de mon nom en se référant à mon dossier administratif. Les autres, qui connaissent son caractère ombrageux, peu enclin à supporter la moindre contradiction, affirment qu'il n'en fera rien. Moi-même, je prends la résolution de ne plus lui répondre s'il continue de déformer mon nom.

À la reprise des cours de l'après-midi, à 15 heures 30, tous les élèves attendent l'appel avec une excitation curieuse. Que va-t-il se passer ?

Le chef commence donc l'appel selon l'ordre alphabétique habituel. Nous sommes deux de la même ethnie dont les noms commençaient par Lao : Laokolé Jean-Baptiste et Laomaye Mathieu. Quand vient le mien, le chef ne change pas ses habitudes. Au contraire, il insiste sur les deux dernières syllabes, ké-lé. Je ne réponds pas. Il répète Lao ké-lé. Je persiste dans mon silence. Alors que mon voisin inquiet me pousse du coude en chuchotant : « Réponds ! », le chef s'adresse à la cantonade en demandant :

— Est-il absent ?

— Non, il est là ! Font plusieurs voix.

Il lève les yeux du registre, me voit, me fixe d'un air mauvais et m'ordonne par deux fois :

— Sors de la classe ! Sors de la classe !

Je ramasse tranquillement mes affaires et quitte la salle. Le soir, je relate l'incident à mon logeur en lui demandant : « Que dois-je faire ? »

À ma grande surprise, il me recommande :

— Obéis ! Réponds présent à tous les appels de ce maître, même s'il refuse de modifier l'orthographe de ton nom. Ne t'inquiète pas, cela se fera à Fort-Lamy quand vous continuerez vos cours là-bas. Monsieur Cheminot est un homme dur, un vrai colon qui fait marcher tout le monde à la baguette en faisant valoir ses mérites et son rang ! Mais il n'a pas que des défauts. Il aime le sport et entraîne efficacement certaines équipes de football, en particulier celle du Moyen-Chari. Il en a fait la meilleure du Tchad. Il est devenu très populaire dans la région, apprécié et aimé par beaucoup.

Ce discours ne me plaît pas du tout ! J'ai la rage au cœur et j'ai envie de quitter la maison de mon logeur au plus vite, le soir même si je le pouvais. Convaincu de mon bon droit, je me sens spolié, regrette de m'être confié à ce « parrain » qu'en mon for intérieur je traite de lâche, incapable d'avoir une opinion objective et de la défendre ! La nuit porte conseil, dit-on. Dans mon cas, elle ne calme pas ma détermination à défendre coûte que coûte mes droits, en l'espèce l'orthographe et la prononciation correcte de mon nom. Cependant, comment obtenir raison, moi un modeste élève contre mon chef, cet homme dur que je devrai affronter pendant toute ma formation ? Si je m'obstine, il me renverra de l'école, je retournerai à Moundou puis à Baïbokoum, ce sera la fin de mon aventure !

Je pense alors aux notables de mon village, à leur appel. Ils souhaitent mon retour auprès d'eux contrairement à mon frère aîné qui lui me pousse à poursuivre mes études. En fait la position des notables et la réaction injuste de Cheminot semblent s'allier pour m'en barrer le chemin. Curieux point commun entre les sages du village et le colon blanc !

L'idée tourne dans ma tête sans répit : je dois agir ! Le lendemain matin, au lieu de me rendre à l'école, je file directement vers le bureau du chef de région de Fort-Archambault. Au planton qui surveille l'entrée, j'annonce que je souhaite voir l'administrateur en tête-à-tête. Il me pose l'habituelle question :

— Quel est l'objet de ta visite ?

Sans hésiter, je réponds :

— J'ai un différend avec mon chef d'établissement que seul peut arbitrer le chef de région.

À cet instant, apparait la voiture de l'administrateur qui s'arrête en bas des escaliers montant vers le grand hall du bâtiment. Le Commandant en descend et toutes les personnes présentes, employés, gardes, plantons, visiteurs, se mettent debout pour le saluer. Je profite de l'inattention du planton qui alors me tourne le dos pour m'approcher de la porte des bureaux où l'administrateur ne manquera pas de me voir. Effectivement, dès son entrée, il me remarque, s'arrête devant moi et demande :

— Qu'y a-t-il mon garçon ?

— Mon commandant, j'aimerais vous parler.

Sans dire un mot, il regagne son bureau tandis que le garde me lorgne d'un regard lourd de reproches et d'étonnement. D'un geste, il m'ordonne de m'éloigner de la porte.

Retiré dans un coin du couloir, j'attends. Une heure s'écoule. Puis le commandant appelle le planton qui se précipite dans son bureau pour en ressortir presque aussitôt en me faisant signe d'entrer. L'administrateur me reçoit !

— Assieds-toi, dit-il en me désignant la chaise face à son bureau. Jeune homme, qu'est-ce qui t'amène, raconte-moi ça !

J'implore intérieurement mes ancêtres pour m'assister dans ma démarche ! Puis, calmement, j'explique en détail le différend qui m'oppose à mon chef d'établissement. Pour finir, j'ajoute :

— Nous sommes trois venus du Logone pour suivre les cours dans cette école et j'ai maintenant peur d'en être injustement renvoyé.

Le Commandant m'a écouté avec un sourire bonhomme et à la fin de mon plaidoyer me dit simplement :

— Bon, maintenant, va attendre dehors.

Puis, il rappelle le planton et lui remet un papier en lui ordonnant de se rendre à l'école des PTT. Qu'a-t-il écrit sur le papier ? Je l'ignore. Mais une heure plus tard, le planton revient accompagné de monsieur Cheminot vêtu d'un costume blanc impeccable. Par politesse, je me lève quand il passe devant moi avant d'entrer dans le bureau du commandant. Il s'étonne :

— Que fais-tu là, Laokélé ?

Je baisse la tête sans lui répondre.

En sortant du bureau, il m'ordonne brièvement :

— Suis-moi à l'école.

J'ai compris ! Et sans aucune autorisation, je fais irruption chez le commandant pour le remercier. En quelques mots accompagnés d'un grand sourire, il me rassure :

— Je pense que cette fois ça va marcher. Maintenant, occupe-toi de tes études ! Allez, vas-y !

— Merci encore mon commandant !

Et je cours derrière monsieur Cheminot ! Nous arrivons pendant la récréation et comme il fallait s'y attendre, tous les élèves se précipitent vers moi avec curiosité en me questionnant. « Je viens d'où ? Qu'ai-je fait dans la matinée ? Où s'est rendu le chef d'établissement qu'ils ont vu partir en costume blanc ? »

La cloche qui sonne met fin à la récréation en même temps qu'aux questions auxquelles je n'ai d'ailleurs pas répondu. Il me faut néanmoins attendre la reprise des classes dans l'après-midi pour connaître l'épilogue de l'histoire.

Le cours commence comme de coutume par l'appel. Je ne suis pas le seul à attendre avec impatience le moment où Monsieur Cheminot parviendra aux noms de sa liste commençant par L. Et J'entendis : « Laokolé Jean-Baptiste » !

« Présent ! » Ma réponse fuse triomphalement ! S'ensuit dans la salle, un seul cri poussé par tous ! De joie ? De victoire ou de surprise ? Je ne sais ! Inattendu et spontané en tout cas ! Il s'accompagne d'une vague de claquements de mains et de coups frappés sur les tables que monsieur Cheminot ne parvient pas à stopper. « Silence ! Silence ! » hurle-t-il pour dominer le chahut.

Le calme revenu, il termine l'appel et fait son cours sans aucun commentaire.

Je veux me montrer exemplaire et je chuchote à mon voisin : « Prête-moi ton cahier pour recopier les leçons que j'ai ratées ce matin ! »

L'injustice dont je me sentais la victime est lavée et je suis sincèrement heureux d'avoir remporté cette petite victoire. Mais ma visite chez le Commandant n'est pas passée inaperçue. Tout le monde s'interroge, à l'école, en ville et jusque dans les bureaux du chef de région. Quel est donc ce garçon qui s'est permis de venir voir leur grand chef sans rendez-vous ? Et qu'a-t-il dit pour que le directeur de l'école de radio électricité se déplace en personne pour rencontrer le commandant ? En moins de vingt-quatre heures la nouvelle fait le tour de la localité.

Six mois plus tard, tous les élèves de notre école sont transférés de Fort-Archambault à Fort-Lamy où dix autres jeunes suivent la même formation. Transportés par un véhicule de l'Uniroute du Tchad qui a été réquisitionné pour notre transport, nous parvenons à Bongor en fin de journée. Cette petite ville, située sur notre trajet, abrite le prestigieux collège où j'aurais dû entrer l'année dernière. Nous passons une nuit à Bongor. Comme notre hébergement n'est pas prévu, nous dormons dehors devant notre camion stationné sur la place du marché qui, dès six heures du matin, commence à s'animer avec l'arrivée des commerçants. Ceux-ci arrivent des différents quartiers de la bourgade ainsi que des villages environnants. Ils se hâtent d'exposer leurs marchandises sur de vieux sacs d'emballage posés à même le sol ou présentés dans des calebasses ou de grandes cuvettes d'émail. Une demi-heure plus tard, la place est déjà pleine de monde. Sur ce marché, on trouve tout en abondance, des cotonnades bariolées suspendues à des montants croisés en bois, des produits alimentaires, sacs de sorgho, farine de mil, tarots, patates douces, mains de bananes, volailles, cabris et moutons sur pied et aussi des étals de poissons frais, fumés ou séchés au-dessus desquels bourdonnent des nuées de mouches. De bonnes odeurs attirent nos ventres affamés, celles qui montent des feux de charbon de bois où grillent des morceaux de viandes et plus loin celles des beignets que les femmes font frire dans les marmites d'huile.

Mais ce qui nous surprend est la nudité des gens. Marchands et marchandes ne s'embarrassent pas de vêtements ! Les femmes, surtout les plus âgées, ne portent que de larges boucles incrustées dans leurs lèvres et de gros bracelets de laiton aux poignets et aux chevilles. Étrangers à la région et à ses coutumes, nous sommes très gênés à la vue de ces femmes entièrement nues, assises devant leurs étals, jambes écartées. Aujourd'hui, les mœurs ont changé. Ici ou là, à Koumra comme à Bongor, on ne voit plus les beaux corps nus des jeunes femmes aux seins lourds et pointus.

Alors que le soleil est déjà haut et que nous sommes sur le point de partir, surgissent des groupes de vingt à trente hommes, grands et forts, munis de longs bâtons dressés au-dessus des têtes. Ils avancent à travers la foule sur des pas de danse en chantant. On nous apprend que ce sont des initiés, reconnaissables aux longues peaux de chèvre qui leur pendent des fesses aux talons en laissant à découvert leur sexe. Ils attirent une foule de gens venus admirer leurs corps musclés d'athlètes et assister aux luttes traditionnelles qui suivront. Mais nous ne les verrons pas cette fois, déjà en route pour Fort-Lamy.

Oui, voyager est bien une découverte ! Et le parcours du combattant ! Après Bongor, nous roulons toute la journée sur des routes chaotiques marécageuses en certains endroits ou ensablées dans les zones sèches que nous traversons dans un nuage pulvérulent soulevé par notre camion. Fourbus et poussiéreux, nous atteignons Fort-Lamy, la capitale du Tchad, un peu avant le coucher du soleil.

C'est là, après un an de scolarité, que nous terminons notre formation sanctionnée par un diplôme d'opérateur radioélectrique.

Le moment est donc venu de faire le point sur mon parcours et d'analyser mes perspectives d'avenir. Grâce aux cours des évangélistes et des écoles publiques, j'ai passé sans problèmes toutes les étapes du primaire. Je sais lire, écrire, m'exprimer en français. Mon apprentissage en radio électricité m'a permis d'acquérir une précieuse compétence technique. Je devrais être satisfait. Pourtant je ne parviens pas à l'être complètement. J'avais espéré poursuivre une autre scolarité, celle qui m'a été injustement refusée bien que reçu aux trois concours qui me l'auraient permise. Pourquoi tant d'obstacles s'étaient-ils dressés sur ma route et contré mes vœux les plus chers ? Je ne cesse de repenser au collège de Bongor qui m'a été interdit pour des raisons soi-disant médicales sans que le médecin responsable de l'hôpital de Moundou ne m'en fournisse la moindre explication. Je me remémore aussi les paroles du chef de secteur scolaire de Moundou qui, pour me punir sans doute de mon refus d'enseigner à l'école de Moundou, comme il me l'avait proposé, m'a méchamment averti : « Tu te condamnes à ne jamais travailler dans la fonction publique ! »

Si je l'avais écouté, où en serais-je maintenant ? Car, contrairement à ses dires, après un an de formation à Fort-Archambault et Fort-Lamy, le diplôme de radioélectricité que je viens d'obtenir m'en ouvre les portes.

C'est en ressassant toutes ces pensées que j'attends avec mes deux compagnons de Moundou mon affectation dans l'un des bureaux PTT du pays. Et toujours une petite voix intérieure, pleine de regrets, ne cesse de me répéter : « Les faits sont têtus, tu n'iras pas plus loin, tes études s'arrêtent là ! ». Mais tout peut encore arriver surtout quand un heureux hasard s'en mêle !

Un matin, alors que je me rends au marché central de Fort-Lamy pour m'acheter un pantalon et une chemise avec l'argent de ma dernière bourse que je viens de percevoir, soudain je me trouve nez à nez avec madame Bourreau, mon ancienne institutrice de Moundou. Je la salue, elle me reconnaît et me rappelle le bon souvenir que je lui ai laissé en étant un élève studieux et intelligent. Elle avait été très contente quand j'avais été admis au collège de Bongor. C'est alors, qu'elle me demande brusquement :

— Mais qu'est-ce que tu fais ici ? Tu devrais être à Bongor !

Je lui explique alors mes déboires, pourquoi je ne suis pas allé au collège de Bongor, mon refus d'être maître d'école et comment j'ai été amené à faire cette formation d'opérateur radioélectrique que je viens de terminer. Elle s'étonne :

— C'est curieux ! Viens me voir demain à la direction de l'enseignement où mon mari et moi sommes affectés. Nous avons en charge tous les dossiers des élèves admis dans les lycées et collèges du Tchad. Je vérifierai moi-même le tien avec d'autres collègues du service pour avoir une idée plus nette de ta situation.

Ému et reconnaissant, j'ai du mal à articuler :

— Merci madame !

En la quittant, je me dis : « Dieu m'a encore envoyé un ange gardien, je saurai peut-être la vérité quant à ma pseudo inaptitude à poursuivre des études ! »

Il y a des rendez-vous à ne pas manquer ! Le lendemain à sept heures, je suis à la direction de l'enseignement. Je n'ai aucun mal à trouver le bureau de madame Bourreau et je remarque immédiatement qu'elle a mon dossier posé devant elle.

— C'est bien ce que je pensais, me dit-elle. Tu figures toujours sur la liste des élèves admis en première année au collège de Bongor. Il n'y a pas de contre-indication mentionnée dans ce dossier. Reviens me voir dans deux jours, nous allons contacter directement Bongor pour avoir des informations plus précises sur les raisons qui t'ont empêché d'y faire des études.

— Ah ! merci madame !

Comme je prie alors le Bon Dieu de me permettre enfin l'accès aux études ! En même temps j'implore l'aide de feu mon père : « Travaille pour moi papa, si c'est bien le chemin que tu voulais que je suive ! »

Et comme je suis impatient du résultat de l'enquête menée par madame Bourreau ! J'aimerais bien par magie raccourcir les heures qui me séparent de mon rendez-vous avec cette femme généreuse.

Ce samedi-là, le ciel obscurci de nuages voile le soleil. Un vent venu de l'est souffle. Est-ce un mauvais présage ? Mais rien ne peut m'empêcher de filer à mon rendez-vous. Proprement habillé avec la chemise et le pantalon achetés au marché le jour de ma rencontre avec madame Bourreau, je suis sûr que ces vêtements neufs me porteront bonheur !

Je marche, je cours, j'entre dans les bureaux de la direction générale de l'enseignement au moment où une pluie fine commence à tomber. Une chance ! Madame Bourreau est là avec mon dossier sur lequel est écrit en lettres majuscules : Laokolé. D'emblée, elle me déclare :

— C'est bien ce que je pensais, la direction du collège de Bongor t'a vainement attendu à la rentrée scolaire. Personne ne m'a signalé une quelconque opposition à ton admission au collège de Bongor. Là-bas, ils supposaient qu'au dernier moment tu avais renoncé à venir. Maintenant, tu as un retard d'un an. Que comptes-tu faire ? »

— Madame, je peux repasser le concours si c'est possible.
— Tu veux malgré tout aller à Bongor, c'est ça ?
— Oui madame !
— Attends-moi ici !

Elle quitte la pièce en emportant mon dossier. De retour quelques instants plus tard, elle me demande une nouvelle fois :

— Veux-tu vraiment aller à Bongor ?

Comme précédemment, je lui réponds :

— Oui madame, si c'est possible !

Elle sort de nouveau pour entrer dans un bureau voisin, en revient avec une enveloppe fermée portant comme adresse : « Monsieur le chef de bureau de passage de toute localité administrative du Tchad. »

— Voilà pour toi, dit-elle en me tendant l'enveloppe ! Garde ce document soigneusement et à l'approche de la prochaine rentrée scolaire, présente-le au chef de service du bureau de passage de n'importe quelle localité où tu seras. On te mettra en route pour Bongor où tu commenceras tes études. As-tu bien compris ?

— Oui, madame, je ferai comme vous dites ! Merci beaucoup !

Elle me serre la main en disant :

— Bonne chance, Laokolé !

Une joie indescriptible m'envahit ! Je regagne mon logement en courant, cherche ma valise métallique fabriquée par les forgerons locaux et peinte en bleu, rangée sous mon lit. J'y place immédiatement la précieuse enveloppe, camouflée pour plus de sécurité entre mes vêtements. Je ne parle à personne de mon entrevue, même pas à mes deux compagnons d'étude de peur qu'une indiscrétion de leur part fasse tout rater.

La semaine se termine lorsque sont publiées les affectations des récents diplômés. L'un de mes camarades doit rejoindre Ati dans le Batha ; l'autre est nommé à Am-Timan dans le Salamat et moi à Moundou.

Nouveau dilemme ! Dois-je accepter cette nomination et m'atteler au travail, ou me rendre au collège de Bongor dès la prochaine rentrée scolaire ? Si je vais à Moundou où monsieur Ladent, le chef du secteur scolaire est toujours en poste, je risque d'avoir des problèmes avec lui quand je déciderai de partir à Bongor. Pour éviter ça, peut-être devrais-je demander une autre affectation ? Mais mon cœur me dit qu'à Moundou je me rapproche de ma famille et que j'y trouverai des soutiens.

Finalement, j'opte pour Moundou que je rejoins en avion par un DC4 de la compagnie UTA. Pour bagages, j'ai ma valise bleue qui contient, glissée entre mes vêtements, l'enveloppe que m'a remise madame Bourreau, deux paquets tenus en main, un sac en cuir de fabrication locale et une lampe tempête dont le verre est bourré de coton pour éviter qu'il ne se casse dans une secousse.

C'est mon premier voyage en avion et pour la circonstance je me suis bien habillé. Parmi les passagers, se trouvent deux personnalités dont je ferai ultérieurement une meilleure connaissance. Il s'agit d'un médecin sénégalais et d'un pasteur français, un Alsacien, monsieur Raymond Eyer envoyé à Moundou pour y diriger la mission évangélique. Pendant son séjour, nous nous lierons d'une grande amitié qui se poursuivra à Fort-Lamy où il sera le pasteur de notre église, le Foyer fraternel.

Quatre mois se sont écoulés depuis mon arrivée à Moundou, la rentrée scolaire s'approche et je me prépare à partir à Bongor, même si je dois regretter mon travail à la station radio du Logone où monsieur Sainty, notre chef, un ancien marin français, me fait entièrement confiance. J'ai également de bons rapports avec les autres opérateurs, un Congolais, un Camerounais et un Centrafricain. Tous les trois me considèrent comme étant un agent fiable, travailleur et consciencieux. Des qualités très importantes pour la sécurité de la navigation aérienne puisque nos stations sont chargées de renseigner les avions sur les conditions météorologiques qu'ils auront à affronter aussi bien avant leur décollage et leur atterrissage que pendant leur vol. Pour des raisons de sécurité, la transmission de ces données météorologiques et la réception des demandes de renseignements des aéronefs en vol doivent se faire avec une extrême attention et précision. Aucune erreur ne peut être tolérée.

À cette époque, la station radioélectrique de Moundou, couvrant toute la région, est fortement sollicitée. Les données météo sont transmises à la station fixe de Fort-Lamy, six fois par jour : à trois, six, neuf, treize, quinze et dix-huit heures. Et chaque fois qu'un avion est annoncé pour Moundou, il faut impérativement garder le contact avec l'appareil jusqu'à son atterrissage et son redécollage. Il n'est donc pas question de quitter la station même pour peu de temps. Cela exige donc des employés beaucoup de sérieux, de conscience professionnelle et de maîtrise de soi. En contrepartie, les heures supplémentaires sont largement rémunérées, à tel point que certains mois je touche un double salaire, ce qui me met très à l'aise.

Je travaille donc durement sans toutefois perdre de vue la prochaine rentrée scolaire. Je compte les jours qui me séparent du moment où je remettrai ma précieuse enveloppe au bureau de passage de Moundou. Arrive enfin le lundi 15 septembre. Comme c'est mon jour de repos, je sors de ma valise bleue ce sésame en papier kraft, le glisse dans mon sac de cuir et, le cœur battant, me dirige vers le bureau de passage chargé de délivrer les réquisitions de transport aux fonctionnaires et autres ayants droit. Au secrétariat, je trouve un homme grand et jovial d'une quarantaine d'années. Il a des yeux vifs et une grande bouche souriante qui s'agrémente d'une petite barbichette bien nette. Son bureau est aménagé d'un guichet qui s'ouvre pour les visiteurs. Je lui remets l'enveloppe sans cérémonie particulière. Après avoir longtemps regardé l'inscription, il la tourne et la retourne dans ses mains et finit par me demander :

— Vous venez de la Direction de l'Enseignement de Fort-Lamy ?

— Oui, c'est bien ça.

Il ouvre alors l'enveloppe, déplie la lettre qu'elle contient, la lit attentivement. Puis il redresse la tête, me dévisage et me pose la question :

— Vous êtes bien Laokolé Jean-Baptiste qui travaille aux PTT ?

— Oui monsieur !

— Et vous voulez aller au collège de Bongor ?

— Oui monsieur.

Il se lève alors pour aller dans un bureau voisin. Cinq minutes plus tard, il revient vers moi pour m'annoncer :

— Dans une dizaine de jours au plus, d'autres élèves vont partir à Bongor. Vous serez du voyage avec eux. Revenez donc me voir dans une semaine. Je vous indiquerai alors la date exacte de votre départ.

— Merci monsieur.

J'exulte comme un enfant affamé à la vue d'une grosse boule de mil ! J'ai gagné ! Une vraie victoire ! Je vais enfin partir au collège de Bongor et faire des études ! Cependant, reste à en informer sans tarder mes supérieurs hiérarchiques des PTT.

Le chef de la station radioélectrique, monsieur Sainty, est logé dans une maison proche de la station. Je dois profiter d'une heure de coupure dans mon service pour aller le voir le lendemain à son bureau, entre midi et treize heures, avant qu'il ne reparte chez lui. À midi tapant, je frappe à la porte de son bureau.

— Qu'est-ce qu'il y a Laokolé ?
— Je voudrais vous voir, chef.
— Entre, je t'écoute.

Je prends mon temps pour lui exposer en détail ma situation. Comment j'ai été admis au concours d'entrée dans un établissement du second degré, l'annonce par le chef de secteur scolaire du Logone de mon inaptitude à poursuivre des études, mon recrutement par ce même chef comme moniteur décisionnaire d'enseignement auquel j'avais opposé un refus, ma formation et ma rencontre à Fort-Lamy avec mon ancienne institutrice laquelle après examen de mon dossier m'avait annoncé que je pouvais reprendre mes études à la prochaine rentrée scolaire. Pour terminer je résume :

— Voilà, tout est fait et dans dix jours je vais partir à Bongor avec d'autres élèves. Vous savez, je suis vraiment content de reprendre mes études mais dès que je les aurai terminées j'aimerais revenir ici à la radio car c'est un travail qui me plaît beaucoup.

Monsieur Sainty m'a laissé parler sans m'interrompre. Un silence s'installe alors qu'il réfléchit tête baissée. Puis, il se redresse et dit :

— Laokolé, tu n'as pas besoin de retourner à l'école pour réussir dans la vie ! Tu es bien parti, tu travailles très consciencieusement avec beaucoup d'application, tu as un grand avenir devant toi. Nous sommes prêts à t'aider pour relever ton niveau de culture générale. Ton départ de la station posera pas mal de problèmes au service. Dès demain, j'en discute avec la receveuse des PTT.

Notre entretien s'arrête là. Il est 12h35. Je n'ai pas le temps de ruminer ma déception car à treize heures je dois transmettre les observations météorologiques et je suis encore de service entre 15 heures 30 et 18 heures 30.

En mon for intérieur, ma décision est prise. Je me battrai pour quitter les PTT et ne me laisserai pas influencer par le genre de promesses que je viens d'entendre. Je me tourne vers Dieu et feu mon père en les priant ardemment de m'aider à partir pour Bongor.

De son côté Monsieur Sainty prépare le terrain avec la receveuse des postes, madame Farner, laquelle doit me convaincre de rester à mon poste. Madame Farner est une Française mariée à un contrôleur agricole. Petite, très jolie, dynamique et travailleuse, elle est admirée et appréciée par tous dans la région. Le mercredi suivant, elle me fixe un rendez-vous à 10 heures. J'ai au moins un demi kilomètre à parcourir de la station radio à la poste. Tout en marchant, j'affûte mes arguments. Rien ne fera fléchir ma décision, pas même les raisons avancées par monsieur Sainty.

C'est dans cet état d'esprit que j'entre dans le bureau de la receveuse des postes. Je suis surpris et impressionné par le nombre de documents qui y sont empilés, entre autres, tous les livres comptables sur lesquels sont inscrites chaque jour les recettes alimentées par la vente des timbres-poste et les différents envois faits aux guichets. La poste est dans notre région un service public très dynamique et essentiel dont les activités me laissent admiratif.

Madame Farner se tourne vers moi, me dévisage d'un regard perçant et d'emblée, répète presque mot pour mot les paroles de monsieur Sainty :

— Laokolé, tu n'as pas besoin de partir des PTT pour réussir ta vie. Tu as très bien commencé, il nous appartient d'orienter tes pas. D'ailleurs tu es le meilleur de nos agents actuels…

Des compliments auxquels je suis sensible ! Mais non ! Je ne me laisserai pas influencer et je l'interromps :

— Madame, je désire vraiment pousser un peu loin mes études. Mais vous avez ma parole que je reviendrai aux PTT après les avoir terminées. J'ai pris ma décision et avant de partir j'ai déjà vendu toutes mes affaires, ma literie et mes ustensiles de cuisine.

— Non, Laokolé, tu ne partiras pas ! À la poste comme au service météo, il n'y a personne de ta compétence pour te remplacer au pied levé dans la semaine. Je viens d'en parler au chef de la région qui ne te laissera pas partir car tu es le seul qui assure correctement et avec beaucoup de conscience le service de transmission des observations météorologiques pour la navigation aérienne et tu sais combien c'est très important ! S'il s'agit d'améliorer ton niveau d'études, nous te ferons suivre des cours par correspondance que le service paiera. Quant à tes affaires déjà vendues, nous les remplacerons. Donne-moi la liste le plus tôt possible.

Je demeure sans voix, cloué, sonné. Sans me laisser le temps de réagir, elle me signifie que l'entretien est terminé !

Le chef de secteur radio avait déjà fait part à mes trois collègues centrafricain, congolais et camerounais de mon désir de poursuivre mes études à Bongor. De retour à la station tous, à tour de rôle, me prient de rester en affirmant :

— Tu es jeune, plein de bonne volonté et si tu poursuis ton travail de cette manière, l'avenir te sourit !

Je ne les contrarie pas et leur réponds simplement :

— Merci de vos conseils.

Ce soir-là, je me suis mis tôt au lit en refusant de réfléchir à la situation. J'ai dormi si profondément que je me suis réveillé en retard pour la transmission des observations météo de 3 heures du matin. Je dois courir à toutes jambes pour assurer à temps ma vacation.

De retour à la maison, j'arrache une page d'un de mes cahiers de leçons et commence à y inscrire sur deux colonnes ce que j'ai prétendu avoir vendu, à gauche : ustensiles de cuisine, à droite : meubles et literies. Je me dis : « Si l'on refuse de me remplacer tout ça, j'aurai une bonne raison pour leur imposer la nécessité de mon départ ! ».

À 9 heures, je profite d'un moment de repos pour aller remettre mon papier au chef de la station radio en précisant :

— C'est à la demande de madame la Receveuse des PTT que j'ai établi cette liste ».

Contre toute attente, il me répond aimablement :

— C'est bien, Laokolé, nous ferons tout pour t'aider à réussir aux PTT. Je suis satisfait que tu n'insistes pas outre mesure pour abandonner le service.

Résigné, je le quitte sans rien ajouter. Tout mon projet d'études est fichu ! Et le chef n'a même pas fait une remarque sur l'inventaire de mes affaires supposées vendues, une liste que moi-même je trouve exagérée. Oui, j'ai vraiment perdu la partie !

Mais, quelques jours plus tard une lueur d'espoir me revient quand je reçois du bureau de passage de Moundou une convocation pour le 25 septembre à 9 heures du matin. Sans aucun doute, c'est pour m'annoncer la date de mon départ à Bongor ! Je présente la convocation à mon chef pour obtenir sa permission. Sans commentaire, il m'ordonne de me rendre à ce rendez-vous.

Et nouvelle déception ! Lorsque je remets ma convocation au commis du bureau de passage, il me déclare tout de go en examinant un papier qu'il tient en main :

— À la demande de vos supérieurs, le chef de région a décidé de ne pas vous laisser partir pour le moment à Bongor.

— Mais alors, quand pourrai-je partir ?

— Je l'ignore, c'est le chef de région qui en donnera l'ordre. Toutefois, nous gardons votre dossier en instance.

— Merci, monsieur !

Sur ces mots, je sors du bureau, très déçu. Inutile de rendre compte de mon rendez-vous à mon chef de service. Il en connaissait d'avance la conclusion

Trois jours passent. À la station radio, rien de particulier. Tous les employés travaillent normalement. Le problème qui a failli priver la station du jeune opérateur radio de l'équipe semble oublié. Moi-même, je ne pense même plus à l'inventaire abusif de mes affaires soit disant vendues. Je l'avais dressé en croyant naïvement que mes supérieurs jugeraient impossible de tels achats de remplacement et ainsi que j'aurai la voie libre pour partir. Mais voilà qu'un lundi de la première semaine d'octobre, vers dix heures, le chef de secteur radio du Logone me demande d'aller voir à midi le responsable du magasin de matériel administratif pour prendre livraison des affaires dont j'avais établi la liste. Ebahi, je regarde la cargaison impressionnante de mobilier divers qui est chargé dans un pick-up. Rien ne manque ! Je monte à côté du chauffeur pour rentrer chez moi. Les deux pièces de mon petit logement de 20m^2 situé dans le quartier est plein à craquer ! Mes voisins en demeurent bouche bée ! Selon eux, ce matériel qu'on me livre prouve que je suis classé dans la catégorie des fonctionnaires appelés « cadres africains ». Une échelle au-dessus des autres !

Dès le lendemain je pars remercier la receveuse des PTT. Mais avant que je ne parle, madame Farner me remet un livret d'épargne de vingt-cinq mille francs CFA ainsi qu'un dossier d'inscription au cours par correspondance à l'école ABC de Paris en m'expliquant :

— Nous avons déjà réglé les cours pour un an. Le livret d'épargne te permettra de t'inscrire et de payer les autres années jusqu'au niveau où tu comptes t'arrêter. Tu peux maintenant te mettre au travail. Je te souhaite bonne chance.

Je suis tellement ému que je ne trouve pas de mots pour lui exprimer ma reconnaissance.

— Ne dis rien, ce n'est pas la peine, fait-elle en se rendant compte de mon trouble.

Je retourne à la station pour en parler à mon chef qui était déjà au courant de cette livraison, comme d'ailleurs mes collègues. Je ne peux m'empêcher de penser, à tort ou à raison, que ces derniers pourraient bien être un peu jaloux et me vouloir du mal car jamais dans l'histoire du service un fonctionnaire de ma catégorie n'a bénéficié d'un tel traitement de faveur. La prudence me commande donc d'être envers eux particulièrement respectueux et serviable.

« Il vaut mieux imiter un travailleur plutôt qu'un bavard », prétend un dicton populaire de notre communauté. Pendant mes heures de repos, je vais de temps à autre rendre visite à Emmanuel Bizonzi, un ami congolais, commis des PTT. Depuis plusieurs années il suit comme moi des cours par correspondance, ceux de l'École Universelle de Paris, mais j'ignore à quel niveau d'études il est parvenu. Il me prête des bouquins et me donne de judicieux conseils sur la meilleure façon de travailler un cours et d'apprendre une leçon. Son aide m'est bien utile et je termine mon année de 6ème avec une très bonne moyenne, ce qui me vaut les félicitations de la direction de l'école et ses encouragements pour continuer.

Je règle mes frais d'inscription de la deuxième année avec le montant de mes heures supplémentaires en m'abstenant de toucher à l'argent de mon livret d'épargne que chaque mois au contraire j'approvisionne avec une partie de mon salaire.

C'est à cette époque que la station radio de Laï, qui jusque-là n'était autorisée qu'à la transmission et la réception des messages télégraphiques, vient d'être promue bureau des PTT, le sixième du Logone. Auparavant, son responsable, un Français, précepteur du trésor, versait les fonds perçus pour le compte de l'agence postale au Trésor public. Avec ce changement, le nouveau bureau, placé sous la responsabilité d'un Receveur des PTT, est habilité à effectuer toutes les opérations postales et télégraphiques. La direction centrale de

Fort-Lamy demande alors à la poste de Moundou d'envoyer à Laï un receveur sélectionné parmi son personnel en place. Le choix de madame Farner, la receveuse des PTT, se porte immédiatement sur moi contre l'avis de monsieur Sainty, mon chef de la station radio, qui craint de perdre un bon agent radio, apprécié pour les observations météo et les contacts avec les aéronefs. En fin de compte, madame Farner l'emporte. Mais avant d'être envoyé à Laï en tant que Receveur des PTT et chef de la station radio, il est indispensable que je suive pendant deux semaines un stage de formation intensive auprès d'elle. Ce que je fais avec une grande application.

Me voilà donc à Laï ! Mon arrivée fait jaser le petit monde de cette modeste localité car pour la première fois un jeune Tchadien assume les fonctions de receveur des PTT et de chef de station radio. Aux yeux de mes compatriotes, c'est un grand événement ! D'importantes modifications ont été réalisées dans les locaux de la poste dont je suis maintenant responsable. La station radio s'est agrandie, ses appareils ont été installés dans une pièce indépendante, le bureau du receveur bénéficie d'une grande salle avec un guichet aménagé pour les opérations postales et télégraphiques. Son logement est attenant. Il comporte une chambre, un salon, une cuisine et une toilette. L'une de ses portes s'ouvre directement sur le bureau. Un petit édifice abrite le groupe électrogène qui alimente l'ensemble des locaux. À Laï, excepté le Chef de district, un Français, je suis le seul fonctionnaire de l'État à bénéficier d'aussi bonnes conditions de travail et de logement. C'est pourquoi j'ai pu amener avec moi mon frère cadet et une petite nièce tous les deux âgés de six ans. J'attends la rentrée scolaire pour les faire inscrire à l'école au CM1. Je travaille beaucoup, aussi bien dans le cadre de mon métier que pour relever mon niveau de culture générale en continuant de suivre les cours par correspondance.

Dès la première semaine du mois suivant mon arrivée à Laï, j'adresse mon rapport comptable, un bordereau n° 1104 en double exemplaire, au bureau d'attache de Moundou. Il m'est retourné une semaine plus tard avec une note d'encouragement de la receveuse. Cependant, quelques remarques de forme me sont faites sur la manière correcte d'établir les bordereaux d'échange de fonds entre le Receveur des PTT et le Percepteur du trésor public. J'en comprends la nécessité car cela concerne parfois d'importants mouvements de fonds. Une réglementation stricte restreint en effet les sommes dont dispose le Receveur des PTT pour les opérations courantes. Lorsqu'elles dépassent la limite légalement autorisée, il est tenu de verser dans la journée le surplus au Trésor public. En revanche, lorsqu'elles sont insuffisantes pour faire face à de grosses dépenses, il s'adresse au Trésor public pour renflouer sa caisse. Cela survient lorsqu'il faut verser aux bénéficiaires de mandats-poste en provenance d'Europe des sommes conséquentes. Ces mandats sont plus particulièrement destinés à payer les pensions des anciens militaires de l'armée française à la retraite ou concernent les aides financières accordées aux missionnaires catholiques et protestants.

Un an après mon installation à Laï, le Percepteur du Trésor, un Français, est remplacé par un Dahoméen, Simon Hunwanou, un vieux fonctionnaire dont la rigueur et la compétence sont reconnues dans le milieu. Il est l'un des rares Africains intégrés par l'administration coloniale de l'époque dans les cadres européens exerçant au Tchad. J'entretiens avec lui d'excellentes relations tant professionnelles que personnelles. Il m'appelle « mon fils » et en réponse je lui dis « papa ». En l'absence du Chef de district, étant alors le fonctionnaire le plus gradé de la place, c'est à lui que revient l'intérim du poste. Il n'a qu'un petit travers : il aime tout ce qui relève du commandement et s'attribue pompeusement, un peu par gloriole et beaucoup par dérision, le titre de « Félix Eboué » de Laï.

Quant à moi, j'accomplis consciencieusement ma fonction de Receveur des PTT et je crois être bien apprécié des clients. Bientôt, on m'envoie pour m'aider un jeune agent opérateur radio, ce qui allège considérablement mes charges de travail et me donne davantage de temps libre.

Au Tchad, le début de l'année 1956 connaît une grande agitation politique. C'est la période pendant laquelle on organise les élections législatives qui détermineront l'avenir des pays d'Afrique colonisés par la France.

Deux grandes formations politiques sont entrées en compétition : le RPF (Rassemblement du Peuple Français) et le RDA (Rassemblement Démocratique Africain).

Le RPF est un parti créé après la fin de la guerre de 1939-1945 par le général de Gaulle. Présent dans toutes les colonies françaises d'Afrique, il est soutenu par la majorité des Français expatriés, dont les administrateurs. Ceux-ci mettent tout leur poids dans la bataille pour remporter ces élections dont dépend leur avenir de fonctionnaires coloniaux.

L'autre parti, le RDA, très actif dans les deux grands ensembles AOF et AEF, a été créé par Félix Houphouët Boigny de la Côte d'Ivoire. Au Tchad, sa section locale le PPT-RDA (Parti Progressiste Tchadien), est dirigée par Gabriel Lisette, un administrateur français d'origine antillaise, très populaire dans le pays. Il rassemble la plupart des cadres tchadiens de toutes les régions. Mais les compatriotes de Gabriel Lisette, principalement ses collègues administrateurs, se méfient de lui et le surveillent de près.

En cette période de campagne électorale, le Chef de district à Laï exige que je lui communique tous les messages télégraphiques envoyés ou reçus au nom de Gabriel Lisette, avant même que je ne les transmette ou les distribue aux intéressés. C'est évidemment une situation inédite et délicate à laquelle je fais face en répondant :

— Je suis disposé à exécuter votre ordre à condition que vous me présentiez une réquisition écrite en bonne et due forme à seule fin de me préserver contre d'éventuelles plaintes des destinataires ou des expéditeurs pour violation de correspondance personnelle.

— Vous aurez votre réquisition mais il faut me remettre ces messages dès maintenant, car c'est urgent.

Je comprends que l'objectif de cet administrateur est de tout faire pour retarder le programme des meetings populaires prévus par le RDA dans des centres importants comme Laï où le leader Gabriel Lisette doit venir en personne. Le lendemain même de cette injonction me parvient un long message télégraphique adressé aux responsables locaux du RDA de Laï pour leur donner des instructions quant à l'organisation de deux grands meetings prévus à Laï et à Donomanga. Le responsable national du PPT-RDA insiste pour qu'un grand sérieux soit mis dans la préparation de ces deux importantes rencontres avec les populations. Comme quarante-huit heures après ma rencontre avec le commandant, je n'ai toujours pas reçu sa réquisition, je distribue normalement ce message. C'est pourquoi, le leader du PPT, Gabriel Lisette, est très satisfait de trouver dès son arrivée à Laï et Donomanga des meetings parfaitement organisés à la différence d'autres localités où, paraît-il, ses messages n'ont été distribués qu'après sa venue.

La réunion achevée, Lisette passe à la station radio pour déposer un message programme à destination de Bongor. Il profite de l'occasion pour congratuler les agents de la station, surpris de ces félicitations inattendues. Et en bons et scrupuleux fonctionnaires, nous transmettons sur le champ son message à Bongor sans en soumettre la teneur au chef de district de Laï. Là-dessus, celui-ci m'envoie un garde à la poste pour récupérer tous les messages expédiés par les responsables politiques. Comme il ne me présente pas la réquisition promise, je lui confie la note suivante à remettre à l'administrateur : « Mon commandant, le message envoyé par le Président du RDA aux responsables du parti à Laï a déjà été distribué. Pourrions-nous avoir la réquisition exigée pour répondre à votre demande ? Respectueusement. Laokolé J.-B. ».

Le garde part et ne revient pas en m'apportant le papier que j'ai réclamé. Mais les jours suivants, le chef de district répète à son entourage, les partisans acquis au RPF, que le petit postier est un garçon têtu dont il faut se méfier ! Et beaucoup d'entre eux, ignorants ce qui la motive, ne comprennent rien à cette opinion défavorable.

Deux mois plus tard, les résultats de ces consultations électorales sont proclamés. Ils assurent une victoire éclatante au PPT-RDA. De passage à Laï, Gabriel Lisette s'arrête spécialement à la poste pour me féliciter. « Vous êtes le seul responsable de la poste au Tchad qui n'a pas boycotté nos messages au départ comme à l'arrivée. Vous êtes un brave et honnête fonctionnaire de l'État. Nous vous remercions beaucoup. »

Néanmoins, je reste inquiet pour mon avenir professionnel. Je n'ai pas obéi aux injonctions du chef de district. Mon comportement risque de jouer sur mon avancement car pendant la colonisation, dans les localités comme Laï, ce sont les responsables de l'administration qui en dernier ressort notent les fonctionnaires.

Or, des années après ces événements, lorsque j'ai été nommé responsable de la direction du personnel des PTT à Fort-Lamy, j'ai retrouvé dans les archives les appréciations et notes de l'administrateur de Laï. Contrairement à ce que je craignais, il m'avait très bien noté, mieux que ceux de Kyabé et de Doba que j'ai connus plus tard. Ma note de 18,5 sur 20 est précédée par ce commentaire élogieux : « Fonctionnaire compétent, honnête, en mesure de défendre l'éthique professionnelle. » C'est sans doute ce qui m'a valu ensuite mon avancement régulier en grade, tous les deux ans.

Mais il n'y a pas que le travail et les événements politiques dans l'existence d'un homme. Cette année-là est pour moi celle d'un grand changement de vie familiale. Quand j'étais à Moundou, j'avais remarqué une fillette originaire de mon canton dont les parents habitaient Kélo, l'un des chefs-lieux de districts du Logone située à soixante kilomètres à l'ouest de Laï. Souvent, elle y venait passer ses vacances scolaires avec sa mère. Elle n'avait alors que dix ans et à l'école suivait le cours élémentaire première année. Elle me plaisait et, bien que très jeunes tous les deux, je me disais que plus tard j'aimerais l'épouser. Dans mon esprit, j'avais déjà établi tout un programme : après mon baccalauréat, j'aurais vingt-cinq ans et elle dix-neuf. Nous ferions alors un bon et beau mariage.

Je suis en poste à Laï quand je charge un collègue, le Receveur des PTT de Kélo, d'aller voir les parents de la fille pour leur faire part de mes projets. De retour, mon ami me suggère de faire moi-même ma demande aux parents. Je profite donc d'un dimanche pour me rendre à Kélo afin de les rencontrer. J'en reviens tout content avec leur accord. J'annonce aussitôt la nouvelle aux miens, en particulier à ma mère et à mon grand frère de Baïbokoum. Mais alors que je m'attends à des approbations je ne reçois qu'une avalanche de protestations ! C'est un scandale ! Je ne peux pas me marier avec cette fille qui est ma cousine ! Pourquoi dans ce cas ses parents m'ont-ils donné leur accord puisque selon la coutume le mariage entre parents proches est interdit ? Je n'y comprends rien. Je n'ai jamais su que nous étions cousins ! En fait, la cause de ce malentendu vient d'une histoire antérieure à ma naissance ! Adolescent dans les années vingt, le père de la jeune fille, Philippe Gondjé, avait été réquisitionné de force pour les travaux de construction du chemin de fer Congo-Océan. Une fois libéré, il était revenu s'installer à Kélo, à plus de deux cents kilomètres de chez nous et s'était marié avec une jeune fille de notre communauté sans jamais revenir au village. C'est la raison pour laquelle il ne pouvait me connaître comme étant le fils de Lamadji de Bendaïdoura, le gardien des valeurs culturelles de la communauté.

Et, de mon côté, j'ignorais que Philippe Gondjé, le père de ma fiancée, était le fils de Dakague G'Nam et de Nérodje Ngonan sa femme, l'une des nièces de mon père. Pourtant, je connaissais bien les frères et sœurs de Philippe Gondjé, tous originaires de Bemouli, un des villages de notre canton, sans toutefois faire le lien avec ma famille.

Devant cette situation inextricable, je bénéficie d'un appui déterminant, celui des parents de Marie Yondoloum, ma promise. Malgré ce cousinage, ils n'entendent pas revenir sur l'accord qu'ils m'ont donné. Je persiste donc dans mon projet et informe les miens qu'ils ne me feront pas changer d'avis.

Quatre ans après cette décision, la maman de Marie qui se rendait de Kélo au village meurt d'une méningite au cours du voyage, à Moundou précisément. Averti de la nouvelle, je vais à Kélo pour présenter mes condoléances à sa famille. Mais au moment de mon départ, le père de Marie me prie de prendre dès cette année ma fiancée avec moi. Elle est la fille unique du couple et, après la mort de sa mère, il n'est pas en mesure de la garder chez lui jusqu'à notre mariage programmé dans cinq ans. Une telle demande me pose problème et j'ai besoin d'une semaine de réflexion pour mûrir ma décision. C'est ce que je lui réponds.

Dans les faits, contrarié de ne pas respecter le programme que je m'étais fixé depuis longtemps et pensant qu'il était trop tôt pour m'engager ainsi, je voulais rompre mes fiançailles. En apprenant cette nouvelle décision, mon frère aîné qui avait toujours soutenu mon projet de mariage, fait le déplacement à Laï pour me conseiller le contraire avec ces arguments : « Elle vient d'avoir quinze ans et peut donc se marier. Tu dois la prendre maintenant avec toi comme le demande son père. Il te reste juste à lui verser la dot et à fixer ensemble la date de votre mariage ! »

C'est ainsi que trois mois plus tard, le matin du 6 mai 1956, Marie et moi nous nous sommes unis à la sous-préfecture de Laï et l'après-midi de ce même jour à l'église protestante en présence de trois pasteurs.

Après quatre ans de séjour à Laï et des fonctions de receveur bien remplies, je décide d'aller en congé. C'est une bonne occasion pour présenter ma femme et nos deux filles, Marthe Bénandjé et Antoinette Dédjoguere, à mes parents du village et surtout à ma mère. Je tiens à lui expliquer que notre union n'est pas un scandale pour la famille mais plutôt une bénédiction de Dieu. Nos deux petites ne sont-elles pas nées pour remplacer mes deux sœurs aînées mortes d'une méningite le même mois, une année avant notre mariage ?

Il me reste trois mois pour mettre à jour ma comptabilité. Je m'applique à bien présenter tous les documents comptables de manière à ne m'attirer aucune remarque. Pourtant, par la faute, volontaire ou involontaire, de mon bouillant collègue dahoméen percepteur du trésor, Simon Hunwanou, j'ai failli être tenté par une terrible malhonnêteté.

Voilà comment cela s'est passé. Un certain jour je dois régler des mandats-poste dont la totalité monte à neuf cent mille francs CFA. Les fonds de ma caisse étant insuffisants, le règlement, m'autorise à m'adresser au percepteur du trésor pour me renflouer. Ce que je fais. Le bordereau rempli doit mentionner le montant nécessaire pour faire face aux dépenses en précisant le nombre de billets avec leur valeur. Je note donc :

1000 billets de 50 FRS	=	50.000 FRS
1500 billets de 100 FRS	=	150.000 FRS
400 billets de 500 FRS	=	200.000 FRS
500 billets de 1000 FRS	=	500.000 FRS
Total	:	900.000 FRS

Ce bordereau ainsi rempli en deux exemplaires puis signé et cacheté, je le porte au percepteur du trésor qui me sert rapidement. Il me remet comme d'habitude le double du document qui porte sa signature et le cachet du trésor. Je regagne mon bureau avec les fonds nécessaires pour honorer les mandats-poste.

En fin de journée, quand je vérifie ma comptabilité journalière, je découvre un excédent de recettes s'élevant à 550 000 francs CFA Je pense d'abord à une simple erreur de calcul et je contrôle à nouveau toutes les opérations du jour, recettes et dépenses. Mais je parviens toujours au même résultat. Cela devient sérieux. Je m'accorde deux heures de pause. Le temps de dîner avant de reprendre toute ma comptabilité.

Finalement, je m'aperçois que le comptable du trésor m'a remis plus de billets de cent et mille francs que leur nombre inscrit sur le bordereau, soit :

— 2 000 billets de 100 francs au lieu de 1 500 et 1 000 billets de 1 000 francs au lieu de 500, au total une différence de 550 000 francs. L'erreur est bien là !

Je range soigneusement le trop perçu de cinq cent cinquante mille francs et prépare ma caisse pour le lendemain. Je me sens léger et heureux, d'abord satisfait d'avoir trouvé l'origine de l'erreur et ensuite tout content d'avoir soudain une telle somme à ma disposition ! À la veille de mon départ en congé, quelle aubaine inespérée ! Car même si mon collègue du trésor se rend compte de son erreur et vient me demander des comptes, rien ne m'oblige à reconnaitre les faits. Quelle preuve peut-il présenter pour me confondre ? J'ai donc cette somme pour moi ! Quelle tentation !

Puis, dans un second temps, je me dis que ce genre d'inadvertance peut arriver à n'importe qui. Mon collègue risque la prison, accusé à tort de détournement d'argent. Ma conscience me tourmente et me souffle : « Laokolé, si tu gardes ce pactole c'est une faute grave que tu commets. Tu fais beaucoup de mal à cette famille. Tu dois le rendre sans tarder au percepteur du trésor public ». Avec un soupir de résignation, il me faut oublier la tentation ! Le lendemain matin, après les premières opérations, je prends donc avec moi tous ces billets en surplus et je me présente au bureau du trésor pour les remettre à Monsieur Hunwanou. D'emblée, je l'avertis :

— Papa, hier nous avons fait une erreur dans nos comptes, je viens vous voir pour une rectification.

Que comprend-t-il ? Curieusement, dès qu'il entend le mot « rectification », il se met à se glorifier, à se féliciter de son travail, à me dire que depuis plus de vingt ans de métier, personne ne lui a parlé de rectification, que jamais il ne s'est trouvé devant une telle situation !

— Et hier, mon fils, j'ai bien compté cet argent devant toi ? Finit-il par conclure.

— Oui papa, vous avez bien compté les billets mais quand j'ai vérifié ma comptabilité journalière dans la soirée, j'ai découvert que vous m'aviez donné plus d'argent que je n'en avais demandé. C'est important et je vous prie de revoir les fonds de votre caisse. »

Il se tait un moment, m'observe longuement puis demande :

— C'est combien ?

— 550 000 francs !

Il lève alors les bras au ciel avec un grand cri et avoue :

— Hier, c'est vrai je n'ai pas fait ma comptabilité journalière, je ne peux donc pas savoir si j'ai un trou dans ma caisse. Je vais m'y mettre aujourd'hui même. Je prends l'argent que tu m'amènes et après vérification s'il provient de ma caisse je le garde, sinon je te le rends au nom de Dieu. Mon fils, tu viens de me donner une grande leçon de probité, j'agirai de même à ton égard.

Il m'entraîne ensuite dans le bureau du Chef de district à qui il explique l'affaire. Celui-ci l'avise : « Je vérifierai moi-même votre caisse pour être sûr des comptes. »

La situation en reste là jusqu'à la vérification qui me donne raison. Peu après, le commandant m'adresse une attestation d'honnêteté.

Dès le lendemain, la nouvelle circule dans toute la petite ville de Laï. Certains me traitent de « petit con » qui a laissé échapper une fortune ! « Ce Dahoméen, disent-ils, nous a trop « bouffés » il fallait garder cet argent pour l'envoyer en prison ». D'autres se félicitent de ma loyauté en affirmant : « Voilà un vrai chrétien ! Un homme qui n'aime ni le vol, ni les tricheries ! ». Et nombreux sont ceux qui répètent : « C'est un bon receveur consciencieux, compétent et honnête ! ». Des mots qui récompensent ma probité et ne me font pas regretter de rester pauvre comme avant ! En outre, un jour en revenant du marché, ma femme entre dans mon bureau par la petite porte qui donne dans notre chambre et me déclare :

— Jean, je suis heureuse et fière de toi. Toutes les femmes au marché m'envient pour avoir la chance d'être l'épouse d'un honnête et bel homme.

Je lui réponds en lui tapant sur l'épaule :

— Remercie plutôt le Seigneur notre Dieu qui m'a convaincu par son Saint Esprit de n'avoir pas gardé frauduleusement cet argent. Dieu nous bénira et nous donnera des enfants travailleurs et honnêtes.

Deux mois après cette affaire, la veille de notre départ en congé, Monsieur Simon Hunwanou, le percepteur, adjoint également du Chef de district de Laï, offre en notre honneur un grand dîner. Et le lendemain, un bon véhicule appartenant à un commerçant de la place est réquisitionné pour nous conduire à Bendaïdoura. Il reviendra nous rechercher à la fin de mes trois mois de congé pour nous amener cette fois à Moundou où je suis provisoirement affecté.

À Moundou, je ne retrouve plus mes anciens chefs, ni madame Farner, la receveuse des PTT, ni monsieur Sainty le chef de la station radio du Logone, tous deux partis en congé. Deux autres agents français que je ne connais pas les remplacent. Par une décision du délégué national des PTT du Tchad, je suis provisoirement maintenu au bureau de poste de Moundou. Un mois plus tard, en avril, un arrêté du même délégué m'envoie à Kyabé au Moyen-Chari pour ouvrir le bureau de poste et m'occuper de la station radio de ce chef-lieu de district. Le chef du secteur radio du Logone, un autre Français, ancien marin, M. Dore, chef de station radio, est chargé de notre mise en route, ma famille et moi. C'est également lui qui doit installer la nouvelle station radio de Kyabé dans un petit local de la sous-préfecture.

Arrivé sur place, la passation de service a lieu entre monsieur René Yo, l'agent postal qui assurait jusque-là les charges de receveur-percepteur du trésor, et moi.

Une villa située près de la gendarmerie est mise à ma disposition. Ses trois grandes pièces accueillent ma famille composée de ma femme, de nos deux filles et d'un petit neveu de six ans. Tous, nous travaillons deux jours d'arrache-pied pour nous y installer convenablement.

Mais dès le premier soir de ma prise de fonction, je dois affronter la réalité tracassière de l'administration coloniale représentée par le chef de district, un Français très imbu de sa personne et de sa culture. Il en impose par sa stature de colosse et son poids, plus de cent kilos ! Tout Kyabé parle de sa sévérité et de ses exigences au travail. Pour en donner une idée, voici comment il procède avec le courrier : les sacs postaux à l'arrivée et au départ lui sont d'abord remis au bureau ou portés à sa résidence, même en dehors des heures de travail. Il consacre un long moment à les ouvrir, à trier le courrier et retient toutes les lettres qui lui paraissent suspectes pour les lire. Lorsqu'il a fini ce travail de censure, il renvoie les sacs au bureau de l'agent postal qui se charge alors de les distribuer sur place ou de les expédier vers d'autres destinations. L'acheminement du courrier au chef-lieu de région, Fort-Archambault, se fait généralement à pied par un homme spécialement requis pour cette tâche, ou occasionnellement par véhicule s'il s'en trouve un.

C'est ainsi que le soir de mon premier jour de travail à la poste de Kyabé, un sac postal déposé au bureau vers 20 heures est aussitôt transporté par les gardes de permanence à la résidence du chef de district qui demande au plus gradé d'entre eux d'aller me chercher à la maison pour venir l'ouvrir. Moi, pas au courant de ces pratiques inhabituelles, je crois que ce sac est resté au bureau de la poste. Comme je ne le trouve pas, je pose innocemment la question au garde :

— Où est ce sac de courrier ?

— À la résidence du chef de district, me répond-t-il ;

— Bon, dans ce cas, ramène-le-moi !

— Non, tu dois aller là-bas !

Ainsi le commandant exige que j'aille chez lui pour ouvrir le sac de courrier en sa présence ! Je réplique au garde médusé :

— Non, je n'ouvrirai le sac qu'au bureau de poste et pas ailleurs. Si le chef de district a des lettres, je les lui porterai moi-même à la résidence.

La discussion par garde interposé entre le commandant et moi dure deux heures ! Finalement, le sac revient en pleine nuit au bureau de poste. Je mets en marche le groupe électrogène pour trier le courrier en dehors du temps de travail règlementaire. Comme promis, j'apporte moi-même les lettres du commandant à sa résidence. Ma salutation « Bonsoir mon commandant ! » tombe dans un silence méprisant car il ne daigne y répondre.

Mon deuxième accroc avec lui est plus sérieux. Le Chef de district est également le gérant de la société indigène de prévoyance (SIP). Celle-ci a pour rôle le stockage des produits alimentaires, notamment de mil, qu'elle vend ensuite aux fonctionnaires, éventuellement à la population, à un prix subventionné. Le chef de district refuse cette vente aux fonctionnaires de Kyabé sous prétexte qu'ils ne versent pas de cotisations à la SIP.

Je m'insurge contre ce diktat en soutenant que partout ailleurs, à Moundou comme à Laï, ce sont essentiellement les fonctionnaires qui achètent les céréales à la SIP, plus rarement les autres gens. Je vais donc voir le commandant pour qu'il m'autorise à acquérir un sac de mil. Il m'oppose un non catégorique sans me donner la moindre explication. La semaine suivante, je renouvelle ma demande. Il y répond indirectement par une note qu'il envoie au commis chargé de la vente de mil avec ces mots : « Cet agent n'a pas le droit d'acheter du mil et autres produits à la SIP ».

Puisque je ne peux me le procurer sur place, c'est l'occasion pour moi d'aller à Fort-Archambault pour y acheter un sac de mil. Je sollicite donc une autorisation d'absence que j'envoie au Receveur de Fort-Archambault à laquelle je joins la note du Chef de district de Kyabé, président de la SIP.

Le Receveur de Fort-Archambault transmet à son tour le dossier à la préfecture de Fort-Archambault en indiquant que

Monsieur Laokolé étant l'agent responsable du bureau de poste de Kyabé, son absence n'est pas souhaitée. En conséquence, il devrait être autorisé à s'approvisionner sur place au magasin de la SIP. La réponse ne se fait pas attendre. Au cours de la même semaine, le chef de région de Fort-Archambault envoie un message télégraphique au chef de district de Kyabé en lui enjoignant d'autoriser les fonctionnaires de sa localité à acheter du mil et autres provisions à la SIP. Je fais une copie de ce message que je garde précieusement dans mes tiroirs. Là-dessus, le secrétaire du chef de district, un commis congolais, ayant déjà pris connaissance du message, annonce aussitôt à tous les fonctionnaires de la place qu'ils sont désormais autorisés à s'approvisionner à la SIP ! Sept jours plus tard, à l'heure près, la bonne nouvelle se confirme. Le Commandant de Kyabé, président de la SIP envoie une réponse positive à son supérieur, le chef de région de Fort-Archambault. L'autorisation est acquise ! Les fonctionnaires connaissent mes démarches pour l'obtenir et répètent à l'envi : « On doit ça au receveur des PTT ! ».

Je ne suis pas le seul à entretenir de mauvais rapports avec le chef de district. Même ses propres compatriotes comme le commandant de la brigade de gendarmerie ou le conducteur d'agriculture ne le portent pas davantage dans leurs cœurs. Ils le soupçonnent de censurer leurs courriers et en privé le traitent de fou ! Nous connaissons bien ces démêlés car ma femme et moi entretenons d'excellentes relations avec ces autres Français, en particulier avec le commandant de la brigade de gendarmerie et sa famille.

Cette année-là, nous sommes à quelques mois de la proclamation de l'indépendance du Tchad. À Kyabé, nombreux sont ceux qui souhaitent le départ de cet administrateur à l'esprit colonial un peu trop poussé. De toute façon, sur le point de prendre son congé, il attend son remplaçant, certainement choisi parmi le personnel français en service à Fort-Archambault, chef-lieu de la région du Moyen-Chari. Le 11 août 1960, ont lieu sur tout le territoire les cérémonies marquant l'indépendance du Tchad. À Kyabé, à cause de l'attitude du Commandant, elles se déroulent au grand mécontentement de la population. Alors que les bureaux de la sous-préfecture en sont proches, le chef de district n'apparaît sur la place publique qu'à 10 heures du matin. Il ordonne alors à un garde de descendre le drapeau français qui flotte sur le mât et de hisser à sa place le pavillon aux couleurs tchadiennes. Puis, il rejoint placidement sa résidence sans dire un mot ni assister au défilé et aux réjouissances prévues en pareilles circonstances.

À la fin du mois d'août, un message en provenance de Fort-Archambault lui enjoint de passer le service au plus gradé et compétent de ses employés du SAF, le service administratif et financier, avant de prendre ses congés dont la date est fixée au 1er septembre. Celui qui répond aux critères demandés est Marc Boyalkaya, alors en tournée d'inspection dans les cantons du district. Sa présence ayant été jugée superflue, son chef sur le départ ne lui a envoyé aucun papier officiel pour le prévenir de la passation de service !

Étant au courant de cette situation anormale, je fais une copie du message envoyé par le chef de région que je porte à Madame Boyalkaya en lui recommandant de faire l'impossible pour joindre son mari et l'inviter à revenir à Kyabé avant le 1er septembre. C'est ainsi que Marc Boyalkaya, arrivé dans la nuit du 30 Août, se présente le lendemain matin au bureau du district à la grande surprise du commandant qui lui demande furibond :

— Avez-vous terminé votre tournée ? Selon les termes de votre ordre de mission, vous ne devriez être là que le 2 septembre.

— J'ai terminé mon travail, réplique Boyalkaya, je ne vois pas la nécessité de traîner davantage à la campagne.

— Bien, reprend le Commandant, on m'a demandé de vous passer le service avant mon départ en congé. J'ai déjà tout préparé sur papier en espérant que vous reviendriez à la date initialement prévue sur votre ordre de mission. Vous me direz ce que vous aurez compris. Je quitte Kyabé demain matin à 7 heures.

C'est de cette manière plutôt inhabituelle et cavalière que s'est faite la passation de service. L'irascible Commandant étant parti, Boyalkaya réunit à la résidence du chef du district dès ce jour-là, 1er septembre à 17 heures, tous les fonctionnaires et notables de Kyabé pour leur expliquer courageusement les conditions dans lesquelles il a hérité de la situation. D'une part il faut gérer l'indépendance du Tchad et vivre en pensant à l'avenir. Par ailleurs, c'est la première fois que l'administration du district est confiée à un enfant du pays. Il demande donc le concours sincère et loyal de tous, étrangers comme fils et filles du Tchad, afin de mener à bien la mission dont il a la charge.

Pour moi également il y a du nouveau. Un arrêté de la direction générale des PTT de Fort-Lamy m'affecte à la poste de Doba, dans le Logone. Un tout jeune agent est désigné pour me succéder. Le 14 septembre 1960, le chef de district par intérim et son épouse offrent un dîner en mon honneur où sont invités tous les fonctionnaires et notables de Kyabé. Le lendemain un véhicule réquisitionné nous conduit, ma famille et moi, à Fort-Archambault, d'où un avion nous dépose à Moundou. Et, de là, nous regagnons Doba par la route.

Revenons un peu à l'histoire du Tchad et à son indépendance proclamée le 11 août 1960. Deux ans auparavant, le Tchad, ancienne colonie française, à la suite de l'application de la loi-cadre de 1957 édictée par le gouvernement français, prend le statut de territoire autonome. Régi par un régime parlementaire, le chef du gouvernement est nommé par les députés de l'assemblée territoriale formée d'élus issus d'une dizaine de partis politiques qui faisaient et défaisaient l'exécutif selon le bon vouloir de leurs chefs de file. Ainsi, en l'espace d'un an à peine, se succèdent trois gouvernements : ceux de Gabriel Lisette, Sahoulba Gontchomné et Ahmat Koulamallah, président d'une formation politique le MSA. Ce dernier ne dure qu'un mois ! Cette situation continue jusqu'au référendum constitutionnel du 28 novembre 1958 organisé par le général De Gaulle pour créer la Communauté française.

Peu avant la fin de l'année 1958, François Tombalbaye est élu chef de gouvernement avec l'accord de tous les partis. Il a pour mission d'organiser les élections législatives de mars-avril 1959. À cette occasion, beaucoup espèrent le renverser comme l'ont été ses prédécesseurs dès la fin des consultations électorales dont le scrutin est majoritaire à deux tours. Hélas pour eux, il n'en est rien ! Le PPT-RDA en sort victorieux et dispose d'une majorité absolue à la chambre. Tombalbaye est donc reconduit dans ses fonctions. La mise en place de la

Communauté française après l'adoption du référendum constitutionnel de 1958 lui confère le titre de Premier ministre, chef de l'État. Dès lors, pour rester seul en liste, il s'emploiera à éliminer tous ses rivaux politiques, à commencer par Gabriel Lisette, le président fondateur du PPT-RDA, qu'il fait expulser du Tchad.

À la proclamation de l'indépendance du Tchad le 11 août 1960, il devient président de la République. En 1962, il dissout tous les partis politiques à l'exception du sien, le PPT-RDA, désormais érigé en parti unique ou parti-État. Resté au pouvoir pendant 15 années consécutives il est renversé et tué au cours du coup d'État militaire le 13 avril1975.

Avant la constitution de 1962, le président de la République était élu au suffrage indirect par un collège restreint composé de députés, de conseillers municipaux et de notables comme les sultans et les chefs de canton. On comprend alors l'importance des élections intermédiaires telles que les municipales qui jouaient un rôle considérable, non seulement sur le plan local, mais également au niveau national puisque l'élection du président de la République en dépendait.

À Doba, elles se préparent activement. Un jeune et brillant instituteur, originaire de la localité, Charles Abdelkader, démissionne du PPT-RDA en même temps que d'autres députés de la région du Logone, André Mougnan et Jacques Nadingar, inquiets de la tournure dictatoriale que prend la politique de François Tombalbaye. Ils rejoignent les rangs du MSA (Mouvement Socialiste Africain) le parti fondé par Ahmat Koulamallah.

Pour ces élections municipales, Charles Abdelkader me demande d'être le numéro deux de sa liste qui regroupe la plupart des cadres connus et influents de la circonscription de Doba. Une telle liste a de fortes chances de remporter les municipales au détriment du PPT-RDA, ce qui ne plaît guère à son président, François Tombalbaye, alors Premier ministre donc candidat potentiel au poste de président de la République du Tchad. Accompagné de conseillers français, il entreprend alors une campagne très active en visitant en quelques jours les principaux centres urbains du pays. De passage à Doba, il cherche à éliminer du combat électoral la liste du MSA qui doit être déposée dans la soirée de ce jour-là. Pour ce faire, il tente d'en débaucher plusieurs membres pour les récupérer, dont l'instituteur et moi-même. Lorsqu'il nous contacte, nous lui objectons que cela est impossible puisque, d'une part, nous ne sommes pas des militants du PPT et que, par ailleurs, les responsables locaux du PPT-RDA n'admettront pas sur leur liste des candidats de dernière minute, juste quelques heures avant le dépôt des listes mises en compétition. Malgré nos arguments, Tombalbaye insiste en nous faisant comprendre qu'il a obtenu l'accord des responsables de la fédération du Logone et que notre présence sur la liste du PPT ne posera aucun problème. Là-dessus, nous lui demandons un délai de réflexion d'une heure. Il est 18 heures quand, à la résidence du chef de district, nous nous séparons.

Au siège du parti, chez Abdelkader, nos amis nous attendent, impatients d'écouter le compte rendu de notre rencontre avec le chef du gouvernement. Conscients du danger, nous nous mettons tous d'accord pour déposer rapidement notre propre liste sans attendre l'heure limite de vingt-trois heures. Et c'est en vain qu'un membre influent de la section locale du PPT nous cherche partout, l'instituteur et moi, pour obtenir notre réponse comme il en avait été convenu avec François Tombalbaye !

Ce dernier quitte Doba à minuit en direction de Moundou car très tôt le lendemain dans la matinée il doit prendre un avion pour Fort-Lamy. Ce même jour, à 11 heures 30, une dépêche officielle nous annonce que les élections municipales sont reportées sine die. Je me rends alors compte que le climat politique se détériore et tend vers une hégémonie car il est à peu près certain que partout dans le pays le PPT-RDA aurait perdu les élections et, par voie de conséquence, François Tombalbaye la présidence.

En marge de ces turbulences politiques, l'Office Équatorial des Postes et Télécommunications organise au mois d'août de l'année 1959 dans chacun de ses États membres, notamment la RCA, le Congo, le Gabon et le Tchad, un concours de recrutement pour la formation des contrôleurs des PTT à l'école supérieure des P et T de Brazzaville. Je passe les épreuves à Kyabé. Les résultats sont proclamés quelques semaines plus tard alors que je suis déjà muté à Doba. J'ai la chance d'être reçu, classé premier parmi les candidats tchadiens. Je rejoindrai mon école à Brazzaville aussitôt mon successeur arrivé. Mon avenir s'annonce plein de promesses quand une erreur d'inattention commise au travail risque de le compromettre en mettant fin à ma carrière professionnelle.

Dans deux jours, je dois partir à Brazzaville. Ce soir-là, à dix-sept heures trente, je m'apprête à fermer les bureaux de la poste lorsqu'un agent Camerounais de la société Coton-Franc se présente pour envoyer un mandat télégraphique à Yaoundé. Je commence par refuser l'opération en lui objectant :

— C'est maintenant trop tard, revenez demain matin.

Très contrarié, il me répond :

— Je ne pourrai pas car je suis admis à l'Institut des Hautes Études de Paris et je dois quitter Doba dans la soirée pour Moundou où j'ai retenu une place dans un vol demain matin à destination du Cameroun. Puis, je crains de me promener en portant sur moi la somme de 1 500 000 francs CFA. Je ne voudrais pas prendre ce risque !

Des arguments auxquels je suis sensible et pas en mesure de résister ! Malgré l'heure tardive, j'accepte donc de lui rendre service. Je mets en marche le groupe électrogène et envoie son mandat illico. Cela fait, j'encaisse normalement les frais d'émission et les taxes télégraphiques. Mon client, monsieur Joseph Wungly, me remercie et pour service rendu après mes heures de travail, me donne 1 500 francs CFA. On se dit au revoir, il rentre tranquillement dans sa voiture et disparaît. Comme il se fait tard, je reporte au lendemain les écritures comptables, ferme enfin le bureau de la poste et regagne mon domicile, étourdi par la chaleur de cette fin d'après-midi et fatigué par le travail harassant de la journée.

Je me couche comme d'habitude de bonne heure. Mais aux environs de 22 heures, je me réveille brusquement l'esprit tourmenté ! Je viens de me rendre compte que j'ai envoyé le mandat de Monsieur Wungly sans en encaisser le montant ! Je passe et repasse dans ma tête le film des événements et l'évidence m'aveugle ! Je ne me souviens pas avoir compté comme je le fais d'habitude les différents billets qui auraient dû m'être remis ! C'est une catastrophe ! Et je suis dans tous mes états, je tremble, me tourne et retourne dans mon lit sans pouvoir me rendormir. Mon agitation réveille ma femme qui me demande ce qui ne va pas. Je lui explique la situation et en tire l'inévitable conséquence par ces mots :

— C'est la fin de ma carrière et la prison qui m'attendent demain ! Car je suis bien incapable de rembourser une telle somme ! Qui va me croire quand je raconterai ce qui s'est passé à 17h30 avec mon dernier client après la fermeture du bureau de poste ? On me connaît et une telle étourderie de ma part est inexplicable ! Inexcusable ! Et ce monsieur Wungly doit actuellement se réjouir du tour qu'il m'a joué !

Pour me calmer, ma femme m'assure d'une voix posée :

— Dieu est grand, il sait que tu t'es trompé. Est-ce que Dieu n'est pas en train de nous éprouver ? Nous allons prier pour lui demander d'adoucir le cœur de cet homme qui détient l'argent.

Aussitôt, tous les deux nous nous mettons à genoux pour prier. Moi, sans trop d'ardeur et guère inspiré, plutôt incrédule quant à la suite. En revanche, mon épouse prie de tout son cœur avec conviction. Quand nous nous recouchons, je m'allonge sur le dos, les bras croisés sur la poitrine, en murmurant les prières de libération. Je revis en pensée la situation que j'ai connue à Laï ; quelle similitude avec celle d'aujourd'hui mais alors c'était moi qui détenait la clé de sortie ! Et je me dis : « Dieu ne peut-il pas envoyer dans le cœur de cet homme la même inspiration qui m'avait poussé à rendre les 550.000 francs CFA dus au receveur percepteur de Laï ? »

Je vais enfin m'assoupir quand j'entends comme dans un rêve le ronronnement lointain d'un moteur puis la lumière des phares d'un véhicule qui balaie la chambre en traversant la porte à claire voie. Des coups y sont ensuite frappés. Ma femme, la première levée, me touche le bras en disant : « Jean-Baptiste quelqu'un tape à la porte ! »

Je me lève, m'habille en vitesse et sort suivi de ma femme. Devant la maison, je reconnais la voiture de monsieur Wungly dont les phares sont restés allumés. Est-ce un miracle, un mirage ?

— Pardon monsieur le receveur, s'écrie l'homme en se précipitant vers moi ! Pardon d'avoir oublié de vous remettre tout à l'heure le montant du mandat à expédier. Je ne m'en suis aperçu qu'à Moundou, dans ma chambre d'hôtel. Je suis reparti aussitôt pour vous rapporter cet argent !

Ouf ! Quel soulagement ! Et je réponds en essayant de garder tout mon calme :

— Oui, c'est vrai. Moi-même je ne m'en suis rendu compte qu'après votre départ sans savoir comment vous joindre ! Dieu merci, vous êtes revenu ! C'est vraiment bien de votre part et je vous remercie car j'attends ce matin le receveur de Moundou et sans cette somme… Mais il est

3 heures du matin et vous risquez de rater votre avion à Moundou.

— Priez pour moi, priez pour que mon véhicule ne tombe pas en panne en route, me dit-il !

Avant de repartir, il me tend trois liasses de billets neufs d'une valeur de 5 000 francs chacun, encore sous les bandeaux de la banque centrale. Faute de temps, il n'est pas question de les compter immédiatement avec lui. Mon épouse et moi nous les mettons à l'abri dans notre chambre et de nouveau, l'esprit bien soulagé, nous nous agenouillons pour remercier Dieu.

Tout est donc revenu à la normale, je poursuis mon travail à la poste dans l'attente de mon remplaçant qui arrive quatre jours plus tard. La passation de service a lieu en présence du receveur du bureau de poste de Moundou, un fonctionnaire français spécialement venu pour l'occasion. Après la cérémonie, il rend compte au chef de district de la bonne impression que lui a faite le bureau de poste avec une caisse et un service bien tenus. Le receveur Laokolé est libre d'aller à Brazzaville pour suivre une formation supérieure !

C'est oublier mes prises de position politique pendant la préparation des élections municipales ! Elles ne sont pas sans conséquences ! Le lendemain de la passation de service, alors que je me prépare à quitter Doba pour Moundou, une motion de protestation émise par les responsables politiques du PPT/RDA du Logone oriental est déposée au bureau du chef de district. Elle a pour but d'empêcher ma formation à Brazzaville sous prétexte que je suis un fonctionnaire de l'opposition. Des copies de cette motion sont adressées à la délégation régionale du PPT-RDA à Moundou ainsi qu'au bureau national à Fort-Lamy.

Malgré cela, je quitte Doba avec ma famille. Quelques amis du MSA et des membres de l'assemblée chrétienne, l'église protestante que nous avons régulièrement fréquentée pendant nos neuf mois de séjour à Doba, nous accompagnent. L'ambiance est bonne. Je reçois des compliments pour ma compétence, mon sérieux et ma courtoisie dans l'exercice de mes fonctions de receveur de poste. Le lendemain, je m'envole pour Fort-Lamy. Il est prévu que ma femme, nos deux filles et mon neveu passeront une semaine à Moundou avant d'aller s'installer chez mon beau-père à Kélo.

À Fort-Lamy, je suis le dernier des promus pour Brazzaville à être reçu par monsieur Robert Guilbaud, le délégué national de l'Office équatorial des postes et télécommunication du Tchad. C'est un fonctionnaire compétent d'une grande culture dont la pondération et l'affabilité sont reconnues par tous les Lamyfortains quelles que soient leurs origines. Grâce à lui, une bonne ambiance règne dans le service des PTT. Je ne le connaissais pas quand j'entre dans son bureau mais aussitôt il me met à l'aise en me félicitant pour mon admission au concours de contrôleur de poste avant d'ajouter :

— Votre chef hiérarchique me parle toujours de vous en bien. Il est sûr que vous ferez une bonne carrière dans les PTT.

Puis il se tait et ce n'est qu'au bout d'un moment qu'il poursuit :

— J'ignore pourquoi les responsables politiques de Doba m'ont envoyé une motion ainsi qu'au Premier ministre, François Tomalbaye, pour que vous ne partiez pas à Brazzaville pour cette formation. Je viens de recevoir le rapport de passation de caisse qui est élogieux. Il apparaît que vous êtes un receveur exemplaire. Sur le plan politique, qu'avez-vous donc fait ?

Je lui explique posément le déroulement des événements à Doba pour les élections municipales qui finalement n'ont pas eu lieu, mon appartenance à une liste du MSA, comment j'avais été contacté par le Premier ministre à Doba pour figurer sur la liste électorale de sa formation politique, le PPT-RDA et pourquoi je n'avais pas accédé à sa tentative de débauchage.

— Oui, c'est bien un problème politique, déclare Monsieur Guilbaud, mais ici nous sommes sur un autre terrain. Comme le cabinet du Premier ministre m'a transmis le message qui vous concerne envoyé de Doba, je vais écrire au Premier ministre pour lui faire part de la situation. Mais je vous demande de ne pas partir à Brazzaville avant sa réponse.

Je sors du bureau un peu découragé, convaincu pourtant que le droit est de mon côté. Pourquoi les pauvres responsables de la section de PPT-RDA de Doba que je connais assez bien, les uns sachant à peine écrire leurs noms, les autres à qui j'ai rendu d'énormes services m'empêcheraient-ils de partir en formation ? Dans le cas où le Premier ministre accepterait leur proposition, je me prépare à aller le voir moi-même pour protester devant une telle injustice. Je connais bien François Tombalbaye pour l'avoir logé à Laï avec l'un de mes proches parents, Thomas Keiro, lors de leur campagne électorale pour les législatives de 1956. À Doba, le jour où il a tenté de me détourner de mon parti, il n'a pas manqué de me rappeler cet accueil.

Je suis d'autant plus excité que les onze autres collègues admis en même temps que moi à cette formation ont tous reçu tout le nécessaire pour leur voyage dont la date est déjà fixée. Si dans les prochaines 48 heures, le Premier ministre ne répond pas à la lettre de monsieur Guilbaud, je risque d'être exclu du voyage. Une fois de plus, je tourne mon regard vers Dieu qui a toujours écouté mes prières et fait des miracles pour moi. Toute la nuit, je prie.

À 13 heures le lendemain, le planton de la direction des PTT arrive au quartier Ambatsana où je suis descendu chez un cousin douanier pour me dire que le directeur des PTT désire me voir demain matin à son bureau, dès 7 heures. Et bien sûr, je m'y présente à l'heure précise. Là, la secrétaire du délégué, une dame blanche jolie et coquette malgré ses cheveux grisonnants, me conduit chez le chef du personnel, un Français très jeune, inspecteur des PTT. J'ai bien du mal à ne pas sauter de joie quand il me déclare :

— Monsieur Laokolé ? Vous avez beaucoup de chance, la réponse du Premier ministre est positive pour vous. Avec les papiers que voici, allez au bureau de passage des finances pour obtenir une réquisition. Ensuite, vous n'avez qu'à vous rendre à la compagnie UAT pour récupérer votre billet d'avion car nous avons déjà fait votre réservation. Il ne vous restera plus qu'à venir dans l'après-midi pour avoir vos frais d'équipement.

Le bureau de passage des finances se trouve à cent mètres des PTT. Dix minutes après cette bonne nouvelle j'y suis. La chance cette fois est de mon côté. L'un des commis des finances, chargé de la délivrance des réquisitions de voyage, est un membre de ma communauté. Il ne me connaît que de nom mais il fréquente le cousin qui m'héberge. Dès que je lui dis qui je suis, il établit rapidement la réquisition et m'accompagne à l'agence de la compagnie aérienne où un billet d'avion m'attend. À 15h30, le bureau du personnel des PTT me remet l'argent pour mes frais d'équipement. Quand toutes ces formalités sont terminées, je suis aussitôt introduit dans le bureau de Monsieur Guilbaud.

— Vous avez tout pour le voyage ? me demande-t-il.

— Oui, monsieur le délégué, je suis venu vous remercier.

— Voilà la question réglée ! J'ai rencontré personnellement le Premier ministre pour lui parler de votre situation. Il n'a formulé aucune objection à votre départ en formation. Il m'a même affirmé qu'il vous connaît, que vous êtes l'un des jeunes que le parti PPT-RDA veut pousser pour assurer l'avenir du pays. Mais vous avez des adversaires qui sont radicalement opposés à votre départ. Je continue à recevoir leur motion. Là-bas, à Brazzaville, c'est par votre travail que vous prouverez le bien-fondé de votre envoi en formation.

Je n'ai aucun mal à lui répondre :

— Monsieur le délégué, je comprends l'enjeu de ma formation, vous pouvez compter sur moi. Et je sais que je dois beaucoup travailler car c'est de mon intérêt.

— Eh bien, bonne chance monsieur Laokolé, conclut Monsieur Guilbaud en me serrant la main.

Je sors de son bureau tout ragaillardi. Je viens encore de franchir une barrière et en mon for intérieur je me dis : « Le chemin m'est ouvert, je dois aller plus loin. »

Mes onze collègues tchadiens sont surpris de me voir à l'aéroport, prêt à prendre avec eux le même vol à destination de Brazzaville. Ils sont contents pour moi. Informés de mes déboires, ils me posent des questions pour savoir comment j'ai pu m'en sortir. Selon eux, le bureau central des PPT est si puissant qu'aucun responsable quel qu'il soit ne peut s'opposer à ses décisions. Je leur explique alors que c'est le Premier ministre, François Tombalbaye qui a finalement donné son accord pour mon départ à Brazzaville après avoir rencontré Monsieur Guilbaud, le délégué national des PTT. Sans aucun doute celui-ci avait fait valoir ma première place parmi les candidats du Tchad au concours organisé par l'Office équatorial des PTT dans les cinq pays membres et qu'une décision contraire à mon départ serait injustifiée.

« T'as eu beaucoup de chance » répètent mes collègues. Cela ne m'empêche pas d'être encore très inquiet et sur le qui-vive. Tant que l'avion n'aura pas décollé de Fort-Lamy, je ne serai pas tranquille. Enfin, nous voilà embarqués ! Je ne peux m'empêcher de pousser un profond soupir de soulagement. Je remercie Dieu et j'ai une pensée pour mon père : « Si c'est le chemin dont tu m'as parlé avant de nous quitter pour l'éternité, affermis-y mes pas. »

L'avion fait escale à Bangui en République centrafricaine et là, nous faisons la connaissance de nos collègues centrafricains, aussi nombreux que nous, également admis au concours des PTT. Mais plus âgés, tous sont des fonctionnaires ayant acquis une longue expérience du métier. Très vite, nous fraternisons ce qui rend agréable notre vol d'une heure et demie jusqu'à Brazzaville, naguère la capitale administrative de l'ancienne Afrique équatoriale française.

Dès notre atterrissage, nous sommes accueillis simplement mais très courtoisement par un fonctionnaire français, le chef du personnel des PTT à Brazzaville et quelques cadres congolais dont l'un est à la fois inspecteur principal et le directeur fédéral des PTT.

L'établissement où doit se faire notre formation est installé dans les locaux de l'ancienne école fédérale de police, cédée à l'Office équatorial des PTT. Tout y est organisé pour assurer nos cours et nous héberger : salles de classe, salles d'études, dortoirs et autres annexes. Les Gabonais sont déjà là depuis une semaine. Le corps enseignant compte cinq professeurs dont trois Français et deux Congolais. Un personnel d'appui, essentiellement congolais, nous assiste dans les tâches annexes comme les courses ou la préparation du petit déjeuner, entre autres.

Nos principaux repas, déjeuner et dîner, sont fournis et servis par un restaurateur congolais moyennant la moitié de notre bourse mensuelle. Rapport qualité prix, c'est cher ! Les menus ne changent guère et, pauvres en viandes ou en poisson, ne comporte qu'un seul plat, le plus souvent un pain de « Chikouanga » rarement remplacé par du riz ou de la banane plantain appelée « makabo ». Alors que nos collègues centrafricains et gabonais se contentent de ce « Chikouanga », du manioc roui, pilé, moulé en bâton puis enroulé dans de larges feuilles de bananes pour être cuit à l'eau, ce n'est pas du goût des Tchadiens habitués à se rassasier de boules consistantes de farine de mil accompagnées de sauces riches en viande ou en poisson. Nos protestations se sont très vite fait entendre et nous allons jusqu'à refuser de manger les repas du restaurateur congolais.

Une solution rapidement trouvée met fin à notre mécontentement. Deux cuisiniers et deux garçons de courses sont recrutés et rémunérés sur l'argent que ne touche plus le restaurateur pour nos repas. À la satisfaction de tous, nous composons avec les cuisiniers des plats variés qui attirent bientôt nos collègues gabonais et centrafricains, puis des étudiants d'autres disciplines venus en visite, et enfin le personnel enseignant.

Je suis à Brazzaville et je travaille sérieusement pour réussir ma formation. Mais les responsables du PTT-RDA de ma région n'ont pas perdu mes traces et exigent mon rapatriement au Tchad. Leurs représailles visent également d'autres étudiants et stagiaires en études ou stages à l'étranger. On leur reproche de ne pas adhérer au PPT-RDA, le parti majoritaire au pouvoir ou d'être sympathisants des partis de l'opposition. C'est la raison pour laquelle le directeur du centre de l'enseignement fédéral de formations des P et T de l'Afrique équatoriale me convoque un matin dans son bureau pour m'informer de mon retour probable au Tchad. Consterné, il me confie : « C'est vraiment regrettable car tu es le meilleur parmi les douze élèves du Tchad et même de l'Afrique équatoriale. »

Ce n'est pas une menace en l'air. Frappés par cette mesure arbitraire, deux autres étudiants tchadiens, en stage au centre de l'imprimerie équatoriale de Brazzaville, viennent déjà d'être renvoyés à Fort-Lamy. Je les ai même raccompagnés à l'aéroport en pensant que j'irai bientôt les rejoindre au pays. C'est dans cet état d'esprit que j'entame avec mes collègues le deuxième trimestre scolaire. Ma moyenne des notes est bonne et me place au deuxième rang de la classe.

Un jour, le directeur général de l'Office équatorial des P et T, un ingénieur français du nom de Chapelle, me fait venir dans son bureau pour m'interroger sur mon passé politique au Tchad. Je lui explique par le menu ce qui s'était passé à Doba et les difficultés que j'avais rencontrées pour venir à Brazzaville. À la suite de quoi, il me déclare : « Il n'est pas question de te renvoyer immédiatement à Fort-Lamy. Moi-même je m'y rends dans quelques jours et je m'entretiendrai avec les autorités du Tchad avant l'exécution de leur décision à ton sujet. Tu sembles bien être l'un des meilleurs éléments de l'école mais pour justifier mon intervention, tu dois avoir de bons résultats. » Presque les mêmes paroles que monsieur Guilbaud ! Décidément, je n'ai qu'une alternative : travailler beaucoup du mieux que je peux !

À son retour du Tchad, alors que je suis impatient de connaître la conclusion de ses entretiens, il ne m'en dit rien. Mais l'un des professeurs de l'école, Monsieur Laforêt, me retient un jour à la fin de son cours pour m'informer : « L'Office équatorial des P et T s'oppose à ce que les meilleurs élèves, comme toi Laokolé, soient renvoyés au Tchad. »

Ouf ! Une fois encore me voilà sorti d'affaires ! Et à la fin de l'année scolaire, j'ai le bonheur de voir mon travail récompensé en figurant parmi les cinq à huit élèves de notre promotion qui ont été choisis pour parfaire leur formation en France. J'en éprouve à la fois une grande joie et de la tristesse car je vais être longtemps séparé des miens.

Les vacances arrivent, longues pour les uns et bien courtes pour les autres, ce qui est mon cas. L'avion qui nous ramène au Tchad fait escale à Bangui et à Moundou avant d'atterrir à Fort-Lamy. Ma famille étant chez ses parents à Kélo, situé à quelque cent kilomètres de Moundou, j'ai préalablement demandé à ma femme de venir m'attendre à ce petit aéroport avec nos trois enfants, deux filles et un garçon, Lazare. Avant mon départ au pays des Blancs, j'ai vraiment hâte de les revoir et de connaître enfin notre dernier enfant, ce fils né pendant mon absence. C'est un beau garçon, grand pour son âge, dont les traits me rappellent ceux de mon père mort en 1948 alors que j'étais au CE2. Mais nos retrouvailles sont brèves et ma petite famille, si heureuse de me retrouver, refuse de me voir réintégrer le ventre de ce gros oiseau, le DC6 de la compagnie UTA qui relie les trois pays africains, Congo, RCA et le Tchad à la France.

Mon mois de vacances se passe en stages dans les divers services des PTT de la capitale. Parallèlement, je me prépare à partir en France, félicité par les Français en poste dans les PTT à Fort-Lamy. Ils se montrent très agréables avec moi et me prodiguent maints précieux conseils pour organiser mon séjour en France et m'adapter aux conditions de vie et au climat. Je suis impatient de connaître ce pays et mon esprit bouillonne de nombreux projets d'avenir. Mais des rumeurs me venant aux oreilles me perturbent. À nouveau, la fédération locale du PPT-RDA du Logone, manigance pour empêcher mon départ et multiplie les démarches dans ce sens. C'est d'autant plus préoccupant qu'un événement d'une extrême gravité vient de se produire. Il s'agit de l'arrestation d'un de mes oncles maternels, le député André Mougnan, un ingénieur agricole, farouchement opposé à un PPT-RDA de plus en plus dominateur. Cet homme, d'une grande probité intellectuelle et morale, est devenu pour François Tombalbaye une personnalité gênante à éliminer. Il est accusé de complot contre la sécurité intérieure et extérieure de l'État. Personne ne croit à ce complot mais comment protester dans un pays dépourvu de médias indépendants où l'homme qui détient le pouvoir suprême ne souffre aucune limite ? Mes adversaires profitent de la situation. « Il n'est pas indiqué, disent-ils de laisser ce jeune de la famille de Mougnan sortir du pays. » Fort heureusement, j'ai le soutien du directeur des PTT, monsieur Guilbaud, qui en défendant l'avenir du service auprès du gouvernement plaide pour qu'on me laisse suivre une bonne formation en France en même temps que deux autres Tchadiens sortis de Brazzaville avec des notes suffisantes. Par ailleurs, quelques hommes politiques influents du PPT-RDA exigent que la totalité des douze élèves également formés à Brazzaville soient pareillement autorisés à partir en France. Embarqué avec tous les autres, c'est par ce biais que je suis sauvé ! Un dicton « Laka », ne dit-il pas : « Grâce à la volaille, le lézard trouve de l'eau à boire près du poulailler. »

Un mois après ces atermoiements qui m'agitent de crainte et d'espoir, les douze étudiants sortis de l'école fédérale des PTT de Brazzaville, dotés d'une bonne moyenne ou non, finalement s'envolent à bord d'un DC8 de la compagnie UTA à destination de la France. Nous descendons à Marseille et rejoignons Toulouse par le train. C'est dans cette ville que le centre de formation supérieur des postes et télécommunications reçoit les étudiants en provenance des pays de l'Afrique centrale, de l'Afrique occidentale et de Madagascar. Parmi eux, les Tchadiens sont les plus nombreux.

Nous bénéficions tous de la bourse FAC. L'enseignement est dispensé par les professionnels des P et T, des fonctionnaires des administrations financières et par des professeurs de droit public et privé. Dans la fonction publique tchadienne, le diplôme obtenu à l'issue de ce stage nous donne droit au titre d'inspecteur des P et T de cadre B. Nous sommes trois sur les douze Tchadiens à décrocher ce prestigieux papier. Mais en outre, grâce à ma moyenne de plus de quinze sur vingt exigée pour y accéder, je suis le seul d'entre eux admis officiellement aux cours de la deuxième année qui forment les inspecteurs principaux.

C'est donc satisfait de mes résultats que je prends ensuite de longues vacances au Tchad. Ma femme et nos enfants me rejoignent à Fort-Lamy. Mais j'y suis très occupé car les trois inspecteurs des PTT nouvellement promus dont je fais partie sont tenus d'effectuer des stages auprès des grandes directions des PTT, notamment celles du personnel, des finances et autres. Quand vient la date de la nouvelle année scolaire en France, l'opposition que j'avais rencontrée l'an passé s'est heureusement émoussée et je m'envole sans problème avec mes deux compatriotes pour le centre de formation de Toulouse.

Les cours y reprennent, principalement axés sur les problèmes de direction et de conception des services. Compte tenu de leur haut niveau, ils s'avèrent difficiles. Mais nous nous accrochons et, pleinement conscients de nos futures responsabilités, nous nous y préparons en conséquence en élargissant nos contacts aussi bien avec les Français qu'avec nos compatriotes et d'autres Africains qui étudient dans des disciplines différentes. Malheureusement pour mes deux camarades en formation avec moi, l'année se termine sans qu'ils obtiennent les notes exigées pour accéder au grade d'inspecteur principal. Quant à moi, ma bonne moyenne me permet d'entrer dans le cadre A de la fonction publique tchadienne et surtout d'être admis à la grande école des administrations des PTT de France, située à Paris, rue Barraud. Elle prépare aux hautes fonctions des administrations centrales.

Mais auparavant, je rentre à Fort-Lamy pour effectuer auprès du directeur des services des P et T un stage pratique orienté vers trois directions du service : celles du personnel des PTT, des finances et des télécommunications.

Admis à l'école de la rue Barraud, je regagne le Tchad avec mes deux compatriotes qui, malgré leur moyenne insuffisante, sont entrés comme moi avec le grade d'inspecteur principal des administrations des P et T. Leur promotion inattendue s'explique par la récente accession de l'indépendance de notre pays qui manque cruellement de cadres et la volonté du gouvernement d'y pallier à marche forcée par ce qu'on appelle à l'époque « la tchadinisation des cadres ».

Je termine mon année de formation avec une moyenne de 14,75 et regagne le Tchad, heureux de mon succès scolaire et encore plus de retrouver ma famille et le pays. Pourtant, compte tenu des difficultés que j'y avais rencontrées à cause de la politique, comme certains de mes collègues africains et malgaches, j'avais été tenté de rester en France quelques années de plus pour continuer mes études ou même y travailler. Mais mes proches me l'avaient déconseillé. D'ailleurs, des années supplémentaires d'études ne me donneraient ni avancement, ni avantages supplémentaires dans la fonction publique tchadienne, les statuts particuliers des services des P et T s'arrêtant au grade ultime d'administrateur principal des P et T que l'on atteint normalement en fin de carrière, juste avant de prendre sa retraite.

De retour au Tchad en 1967, d'abord nommé directeur adjoint des P et T et quelques mois plus tard directeur en titre de cette institution, je suis le premier Tchadien à occuper ce poste après avoir franchi bien des obstacles, dressés en particulier par le parti politique au pouvoir et ses sympathisants originaires de ma région natale, le Logone. Ils font tout pour me nuire sous le prétexte qu'étant le parent d'André Mougnan, toujours en prison, je suis un adversaire potentiel qui pourrait chercher à venger son oncle.

En tant que directeur des P et T du Tchad, je m'attelle en premier lieu à la « tchadianisation » des services de la direction-personnel, poste et service financier, en remplaçant par des cadres tchadiens les receveurs français des bureaux de poste, aussi bien en province que dans la capitale. Seuls la direction et les centres techniques de télécommunication sont encore tenus par des expatriés, faute de techniciens nationaux compétents en ce domaine.

Je tiens également à favoriser l'attribution de bourses aux récents titulaires du baccalauréat, surtout technique, ainsi qu'aux fonctionnaires en activité afin qu'ils puissent suivre des formations adéquates et revenir avec des diplômes leur permettant d'améliorer leur situation.

Il faut avouer qu'en ce début de ma carrière je suis aidé et soutenu par mes collaborateurs de tous niveaux, cadres expatriés et nationaux, ce qui me permet d'assurer sans àcoups la bonne marche du service. Cela ne m'empêche pas de rencontrer quelques difficultés, normales et récurrentes dans un service comme celui-ci. C'est ainsi que je n'échappe pas ni aux revendications personnelles de quelques expatriés visant des postes ou des avantages matériels, ni à la jalousie de mes propres compatriotes. J'ai en particulier le souvenir de deux cas exemplaires. L'un concerne un Français, chef du centre des chèques postaux, qui refuse de laisser son poste à un national de même formation et grade en le traitant d'incapable. Ajouté aux exigences de sa femme qui demande pour logement une grande villa alors que c'est un couple sans enfant, il me faut rompre son contrat en cours de validité, et ce malgré l'intervention de l'ambassadeur de France. L'autre me concerne directement puisqu'un compatriote qui se considère intellectuellement mieux placé que moi revendique mon poste, poussé en ce sens par les adversaires politiques de mon oncle Mougnan !

Bon, ces problèmes trouvent leurs solutions et le calme revient vite dans le service. Je m'y sens bien, j'en suis le maître soucieux de bien le servir. Pour cela j'ai la possibilité de prendre d'utiles initiatives comme la création de bureaux de postes en province et dans les quartiers périphériques de la capitale, l'organisation des services et l'amélioration des conditions de travail.

Mais avant de poursuivre ce parcours de vie sur la terre des lézards, je voudrais dire quelques mots à propos de monsieur Guilbaud, l'ancien directeur qui m'avait passé le service. Il était à un an de sa retraite et il avait été convenu qu'il resterait au P et T au titre de conseiller, conformément aux accords de coopération entre la France et le Tchad. Il avait toujours été un homme affable, compétent et serviable envers tous. J'avais suggéré au ministre des P et T qu'il l'attache à son ministère en tant que conseiller technique, un poste qui lui donnerait un avantage financier et politique bien mérité après une longue carrière au Tchad. Ce qui fut accepté par les autorités françaises et tchadiennes à la satisfaction de tous.

J'ai pris le service en main depuis quelques mois quand je dois faire face à l'un de ces problèmes risquant de compromettre la notoriété de l'État. Voici les faits : un peu avant mon retour au Tchad, un homme d'affaires belge a émis et mis en vente sur le marché tchadien des timbres-poste en dehors du circuit administratif. C'est tout à fait anormal puisque l'émission des timbres, leurs valeurs, sujets et maison d'édition sont décidés en conseil des ministres. C'est ensuite le service des P et T qui s'occupe de leur réalisation et de leur vente. Signalons que jusqu'à l'indépendance du Tchad les timbres-poste étaient produits depuis 1935 par l'imprimerie postale française.

Comment cette opération frauduleuse a-t-elle été possible sans une quelconque complicité à un très haut niveau ? Il faut savoir qu'à cette époque les timbres de collection nouvellement émis prennent rapidement de la valeur. Nous avons ainsi sorti, tout à fait normalement, de très beaux timbres révélant la diversité et les merveilles du Tchad : peintures rupestres, faune, coiffures de femmes, etc., qui ont fait le bonheur des amateurs. Mais la tentation est grande pour des escrocs d'utiliser cette passion des collectionneurs pour faire du profit. Ainsi, en passant par des circuits illicites de fabrication, ils ne mettent en circulation qu'une petite partie des timbres, l'autre étant destinée à être revendue plus tard à des acheteurs qui paieront ces timbres devenus rares dix à cent fois leur valeur initiale. C'est un marché très juteux ! Il y a urgence à stopper cette pratique à caractère mafieux. Je sais que plusieurs de ces escrocs se sont présentés directement au Président de la République afin d'obtenir l'autorisation de produire des timbres de collection hors du circuit normal, moyennant une contribution financière. Mais ma surprise est grande quand la présidence elle-même refuse de nous fournir de plus amples renseignements.

Cette affaire traîne jusqu'au moment où j'ai l'occasion de rencontrer le président de la République pour un tout autre sujet puisqu'il s'agissait d'un prêt accordé par la caisse d'épargne postale pour le financement de deux tronçons de route dans la capitale. Au cours de cette entrevue, où est présent le directeur de cabinet du président, monsieur Hassan Kolingar, un administrateur compétent et intelligent, la question du prêt réglé, j'annonce aussitôt la couleur en exposant directement au président le problème de ces timbres tchadiens fabriqués en Belgique et au Liban en dehors des P et T.

— Oui, répond le président, j'ai signé un accord avec ces hommes d'affaires. C'est politique, je ne rentre pas dans le détail. Kolingar, arrange-toi pour que ces messieurs prennent les contacts nécessaires avec la direction des P et T pour régler le côté technique de l'opération.

Je quitte la Présidence satisfait, accompagné de monsieur Kolingar qui me félicite de mon intervention.

Le même problème concernant la fabrication des timbres en dehors du circuit officiel se renouvelle avec un autre homme d'affaire. Il loge à la Tchadienne, le seul hôtel de luxe de la capitale, et attend les instructions de la Présidence pour prendre contact avec la direction des P et T. Mais curieusement, un matin vers dix heures trente un coup de fil du Président lui-même m'apprend son décès d'une voix tremblante. C'est ainsi que nous avons mis fin à son dossier.

À l'époque, des fonctionnaires, cadres nationaux ou expatriés français, saluent mon courage pour avoir abordé ce problème avec le président et mis fin au trafic frauduleux des timbres. Ainsi, grâce à son efficacité et à son bon fonctionnement, sans combines douteuses, l'image des P et T en sort grandie. Néanmoins, en analysant ces cas d'espèce, je me suis rendu compte combien la loi peut être impunément violée pour réaliser des opérations véreuses en sous-traitant avec certains hommes politiques ayant des besoins financiers inavoués.

Malgré ce résultat, mon travail et mes efforts, certains compatriotes n'attendent que mon éviction à la tête de ce grand service public soit par ambition personnelle pour me remplacer, soit par rancunes politiques. De fortes présomptions m'amènent à croire que François Tombalbaye lui-même considère mon honnêteté morale comme une manière machiavélique de lutter contre son parti, le PPT-RDA, et même d'œuvrer sournoisement pour le faire tomber. En effet l'expérience acquise avec les années m'apprend qu'on tient mieux entre ses griffes celui que l'on corrompt qu'un homme honnête et vertueux. Et je ne suis pas sans craindre quelque future punition.

Lorsque je prends la direction des services des P et T, Michel Djindingar Donongardoum, l'un des plus fidèles parmi les fidèles du président de la République, cumule et dirige depuis plus de cinq ans les ministères des Finances et des P et T. À la suite d'un remaniement ministériel, il finit par céder ce dernier portefeuille à Adoum Aganaye. L'homme est un instituteur très cultivé, un vieux routier de la vie politique tchadienne. Tour à tour parlementaire pendant la période coloniale, puis ambassadeur du Tchad indépendant auprès de la Belgique, il est considéré comme un grand commis de l'État. Intègre, désintéressé, il n'a pour souci que l'intérêt de la nation.

Devenu ministre, il se fixe pour objectif de développer le secteur des postes et télécommunications dont il a la charge. Pour l'aider dans sa politique de modernisation du département, j'accélère le processus de « tchadianisation » des cadres. J'attache une attention particulière aux télécommunications, gérées depuis l'indépendance par des coopérants de l'assistance technique française, faute de cadres nationaux suffisamment qualifiés. Or, l'Union Internationale des Télécommunications (UIT) a créé à Fort-Archambault, une école de formation des techniciens de cette catégorie qu'elle gère au profit des pays de l'Afrique centrale. Sa direction est confiée à un fonctionnaire international. Le directeur tchadien des P et T du Tchad est le président de son conseil d'administration et, à ce titre, a un droit de regard sur son fonctionnement ainsi que sur les questions relatives aux relations humaines. En la circonstance, le directeur de l'école, de nationalité belge, a souvent maille à partir avec ses collègues français plus nombreux. Mon souci est donc de tout mettre en œuvre pour assurer le fonctionnement harmonieux de cette unité de formation technique sur laquelle je fonde mes espoirs afin de parvenir au développement des télécommunications du Tchad, assumé par des nationaux.

Le directeur belge de l'école bénéficie d'un contrat de deux ans signé avec l'UIT à l'issue duquel il pourra être remplacé soit par un expatrié de la coopération bilatérale française, soit par un cadre tchadien de même compétence. En ces temps nouveaux d'indépendance, ma préférence penche pour la nomination d'un compatriote. Dans cette perspective, j'ai le choix entre trois fonctionnaires détachés de mes services, dont les deux inspecteurs principaux de ma promotion et un tout jeune cadre récemment revenu de Toulouse avec le même titre. Après réflexion, j'opte pour ce dernier car c'est le seul des trois ayant obtenu à l'issue de son stage de formation le diplôme et le grade d'inspecteur principal grâce à sa bonne moyenne et non par une faveur gouvernementale, comme l'avait été le grade octroyé à mes deux camarades de promotion sans que l'on tienne compte de leur réel niveau de compétence. Aussi, bien que les deux autres postulants soient plus anciens, ai-je proposé le dossier du jeune inspecteur au ministre des P et T qui l'a accepté sans réticences et doit le soumettre au prochain conseil des ministres pour avaliser sa nomination. Cela ne se fait pas comme prévu car certains ministres plaident en faveur des deux autres inspecteurs, chacun d'eux ayant ses partisans. Tous campent sur leur position et le dossier est reporté pour être réexaminé plus tard, sans indication de date. J'en suis fortement déçu. Mais, au cours d'une carrière, de petits imprévus peuvent modifier, en bien ou en mal, le cours des choses.

Quelques semaines plus tard, un incident des plus banals trouble la tranquillité nocturne du président de la République. L'une de ses fréquentations extra-conjugales du quartier, ce qu'on appelle chez nous avec humour le « deuxième bureau », prétend avoir reçu un message télégraphique en provenance de la ville de Bousso, l'un des chefs-lieux des sous-préfectures du Chari-Baguirmi, l'informant que sa sœur est gravement malade. Elle transmet le message à son amant, le président, en lui demandant une aide financière afin qu'elle puisse se rendre rapidement au chevet de sa sœur. Soupçonneux, François Tombalbaye veut alors s'assurer du bien-fondé de cette requête.

Il est le président, aussi peu lui importe l'heure à laquelle il exige que l'on se rende à la présidence pour l'éclairer sur tel ou tel problème, fût-il d'ordre très intime ! Il est aux environs de minuit quand son aide de camp, accompagné de deux militaires en armes, arrive chez moi. Comme l'un de mes jeunes neveux vient de mourir, parents et amis sont nombreux à être venus à la maison pour partager notre deuil comme c'est l'usage chez nous. Et cette irruption a de quoi les surprendre tous d'autant que le garde du corps me dit d'emblée :

— Monsieur le directeur, le président souhaite vous rencontrer et me charge de vous conduire à l'instant même au palais.

Je laisse les miens médusés et inquiets pour le suivre dans son véhicule. À mon entrée dans le salon présidentiel, informé par le garde qui m'a précédé, le président me présente d'abord ses condoléances en s'excusant de m'avoir enlevé à une place mortuaire. Puis il en vient au sujet de ma convocation et me tend le télégramme reçu par son amie en me posant cette question :

— Regarde ce télégramme et dis-moi s'il a été réellement expédié de la poste de Bousso ?

Il me faut quelques secondes pour l'examiner et assurer sans la moindre hésitation :

— C'est un projet de message rédigé sur un formulaire que le service des PTT met à la disposition du public. L'expéditeur d'un télégramme paie d'abord les frais d'envoi au postier qui appose ensuite le cachet de la poste sur le document avant de l'acheminer. Ce qui n'est pas le cas ici. Il est possible que l'expéditeur ait renoncé au dernier moment à s'acquitter des frais faute de moyens. Mais il me paraît certain que ce message n'a pas été envoyé par le service des PTT de Bousso.

Après un petit moment de silence, le président réitère sa question :

— Es-tu sûr de ce que tu me dis ?

— J'en suis sûr, monsieur le président.

Il reprend le télégramme, me remercie de l'avoir éclairé et met la main à la poche pour me tendre quelques billets de banque avec ces mots :

— C'est ma contribution pour le deuil de ton parent. Tu peux partir maintenant.

Je me lève, lui serre la main et le remercie à mon tour.

Lorsque le garde du corps me ramène à la maison, c'est le soulagement ! Tout le monde s'enquiert : « Qu'est-ce qui se passe ? C'est grave ? »

Je réponds sans plus d'explications :

— Non, tout va bien ! »

Le lendemain matin au bureau, mon réflexe de chef des services des PTT m'amène à prendre des informations plus précises auprès d'un jeune employé responsable du dépôt des messages.

— Cette opération a-t-elle, oui ou non, été faite à ton guichet ?

Cet agent sérieux, formé à Toulouse, confirme l'une de deux possibilités signalées hier au président de la République.

— Non, le message n'a pas été envoyé de Bousso.

C'est donc un faux. En poussant mes investigations, j'apprends qu'il a été rédigé par un instituteur qui depuis deux mois est affecté à Bousso. C'est un ami de François Tombalbaye mais son rival insoupçonné : il est également l'amant du « deuxième bureau » ! Une façon astucieuse de la belle pour aller retrouver son autre bien-aimé, tous frais payés !

Deux jours après ma conversation nocturne avec le président de la République, son directeur de cabinet me convoque à la présidence sans m'en préciser la raison. Je m'y rends en prenant soin d'emporter dans ma serviette le projet de décret concernant la nomination de mon candidat Edouard Balé, au poste de directeur de l'école des télécommunications de Fort-Archambault, projet rejeté il y a un mois par le conseil de ministres. Je m'attends à rencontrer uniquement le directeur de cabinet mais lui-même ignore l'objet de ma convocation et m'introduit directement auprès du président de la République qui lui demande de rester pendant l'entretien. C'est l'histoire du télégramme qui revient sur le tapis ! Tombalbaye le retire d'un dossier, me le tend et m'interroge à nouveau :

— Ce message a-t-il été rédigé à Fort-Lamy ou à Bousso ?

— Il a été rédigé à Fort-Lamy puisqu'il porte le cachet de Fort-Lamy.

J'explique ensuite :

— En fait, c'est un projet de message adressé à madame et présenté comme s'il venait de Bousso alors qu'en réalité il a été préparé ici, à Fort-Lamy. L'intention était de vous faire croire qu'il venait de Bousso mais ce n'est pas le cas.

— Merci pour ces précisions, fait le président.

Un long silence suit. Comme je le fixe d'un air interrogateur, il en vient à me demander :

— Y a-t-il autre chose, Laokolé ?

Je réponds par un petit oui timide tout en regardant Kolingar, le directeur de cabinet, avec l'espoir qu'il m'aidera à sortir ce que j'ai à dire. Mais il n'ouvre pas la bouche. Enfin je m'enhardis et débite d'un coup :

— Monsieur le président, je crains de vous importuner mais les occasions de vous rencontrer sont rares et j'aimerais vous parler personnellement de l'école des télécommunications de Fort-Archambault. Son directeur actuel va bientôt quitter définitivement le Tchad. Il est prévu dans l'accord de le remplacer par un Tchadien qui, une fois désigné, doit rester à ses côtés jusqu'à son départ pour s'initier à la direction de l'école. Mais le projet de nomination d'Edouard Balé à ce poste, présenté il y a un mois au conseil des ministres, n'a pas été entériné et je ne sais comment m'y prendre pour régler ce problème. C'est la raison pour laquelle je me permets de vous en parler aujourd'hui.

— Oui, tu as raison de soulever ce problème, m'assure le président. Je m'intéresse beaucoup à la bonne évolution de l'école des télécommunications de Fort-Archambault. Je connais bien Edouard Balé qui a été proposé dans le projet de décret, c'est un excellent fonctionnaire, dévoué et intelligent, mais c'est un garçon qui se donne à l'alcool. De nombreux ministres me l'ont confirmé et je ne voudrais pas que la qualité de cette école régionale s'en ressente. Sinon, je n'ai rien contre lui.

Puis, il se tourne vers son directeur de cabinet en disant : « Et alors ? ».

L'entretien va-t-il en rester là ? Tout en craignant de le contredire, j'ose intervenir d'une voix mal assurée :

— Oui, c'était vrai mais sur nos conseils, ceux de ses collègues et de ses parents, depuis plusieurs mois ce jeune homme a cessé de boire.

Tombalbaye s'esclaffe :

— Tu le connais mal ! Tu vois un Sara-Kabba abandonner l'alcool ? Laisse tout de même ton projet à monsieur Kolingar, je te donnerai ma réponse d'ici peu.

Je le remercie et quitte son bureau assez perplexe, indécis quant à la suite. Mais le directeur de cabinet me tape gentiment sur l'épaule et me souffle : « Tu as encore eu du succès auprès du président. Je lui présenterai le projet dans le courrier à signer de demain. »

Avant de regagner mon bureau, je me rends directement chez mon ministre de tutelle pour lui rapporter cette conversation. Deux jours plus tard, Hassan Kolingar me téléphone pour m'informer que le décret de nomination d'Edouard Balé, en qualité de directeur de l'école des télécommunications de Fort-Archambault, vient d'être accepté par le conseil de ministres. Je m'en réjouis d'autant plus que Adoum Aganaye, dès sa sortie du conseil, m'appelle également. Il me confirme la bonne nouvelle et me félicite de mon intervention avisée auprès du président de la République. Tout se termine donc selon mes désirs. Ce succès rehausse ma cote auprès du personnel des P et T et améliore considérablement mes relations personnelles avec mon ministre de tutelle.

En 1972, le financement du plan de développement des télécommunications du Tchad est attribué à l'Agence des États Unis d'Amérique pour le Développement International (USAID) alors que la Coopération française avait répondu à l'appel d'offre en posant sa candidature. C'est la raison pour laquelle j'accompagne aux États-Unis, le ministre des P et T, Adoum Aganaye, pour en régler les principaux aspects. Cette mission d'étude ayant mal été appréciée par nos amis français qui ont perdu le marché, dès mon retour des États-Unis les autorités tchadiennes me demandent d'aller à Paris pour expliquer aux responsables de la Coopération française la position tchadienne sur ce dossier de manière à dissiper tout malentendu entre les deux pays. Selon la recommandation de François Tombalbaye, c'est le ministre des P et T qui aurait dû assumer cette mission délicate mais il s'en était excusé en avançant un emploi du temps très chargé ne lui permettant pas le déplacement.

La date de mon voyage à Paris est donc fixée le 13 janvier 1973 vers minuit.

La situation sociale et politique du Tchad est alors très préoccupante, c'est le moins qu'on puisse dire. Il y a environ deux mois une commission d'enquête parlementaire a été mise sur pied par le gouvernement pour contrôler tous les grands services de l'État. Elle est composée en majorité de députés mais également de fonctionnaires, techniciens et employés, appartenant aux différentes branches de l'administration. Un expert expatrié, conseiller financier à la présidence de la République en est la cheville ouvrière. Au fur et à mesure que se déroulent les contrôles, de nombreux cadres de haut rang sont arrêtés pour détournement des deniers publics. Ces faits contribuent avec d'autres encore plus graves à soulever colère et indignation dans la population et rendent l'atmosphère très tendue. Les séances du conseil des ministres ou réunions du bureau politique national sont souvent houleuses. C'est dans ce climat délétère, au cours d'une réunion du bureau politique national, que le président de la République s'en serait pris au ministre des P et T, Adoum Aganaye, qui désapprouve les arrestations souvent arbitraires et humiliantes des cadres. Selon des témoins, il aurait déclaré aux membres du bureau politique, organe suprême du parti unique, le PPT : « Il serait plus honnête, de confier le soin des enquêtes et ce qui s'ensuit à la justice, seule institution habilitée à le faire avec l'objectivité requise. »

D'évidence, le président de la République ne partage pas ce point de vue. Et dans un régime où la raison n'a plus de place et tombe dans un arbitraire délirant, le président est suivi et applaudi par tous les thuriféraires présents au sein des hautes instances politiques et gouvernementales. Aussi, dans les semaines qui suivent, une machination se magouille contre Adoum Aganaye. On cherche à l'écarter du gouvernement et du bureau politique national avant, selon toute probabilité, de procéder à son arrestation. Mais l'incident du bureau politique a été su et commenté dans tous les quartiers de la capitale. Il s'avère qu'Adoum Aganaye, dont chacun connaît le franc-parler et la probité tant morale qu'intellectuelle, est un os difficile à croquer. Il faut donc trouver un moyen crédible, accepté par la population déjà excédée par toutes ces arrestations, pour parvenir aux fins souhaitées par le pouvoir. C'est par le biais des P et T, dont Aganaye est le ministre, qu'on doit pouvoir l'abattre ! Pour y parvenir, il faut impérativement découvrir des malversations au sein du service, entre autres dans la commercialisation des timbres-poste ou le financement des études pour le développement des télécommunications, lequel vient d'être confié aux Américains. Ce n'est pas évident de prouver un quelconque détournement de fonds publics dans le service des P et T puisque la commission d'enquête parlementaire vient de contrôler durant deux semaines sa comptabilité et l'ensemble de ses services et en fin d'investigations a remis un quitus à son receveur principal, responsable de la gestion comptable. Je suis donc tranquille et rassuré.

Le soir du 12 janvier 1973, quelques jours après le passage des contrôleurs et trois heures avant mon départ pour la France, je pars rendre visite à l'un de mes parents, l'ancien parlementaire Thomas Abdou Kéiro, pour le mettre au courant de mon voyage. Je suis donc absent quand, vers

22 heures, une équipe de membres de la commission parlementaire se présente à notre domicile accompagnée d'une escouade de gendarmes qui cerne aussitôt notre maison d'un cordon serré afin qu'aucun membre de ma famille ne puisse sortir. C'est sans compter sur l'astuce d'un de mes fils âgé de sept ans, Djemba Elie, qui parvient à se faufiler entre les jambes des gendarmes sans se faire remarquer ! Il court aussitôt vers le domicile de Kéiro pour me prévenir.

Je suis déjà en route car je dois me préparer sans tarder à voyager et rejoindre un peu plus tard l'aéroport quand, éclairé par les phares de ma voiture, je vois avec surprise mon fils, tout seul sur la route à cette heure tardive. Je stoppe le véhicule, le fais monter à mes côtés et nous filons à la maison malgré son avertissement : « Papa, les gendarmes sont chez nous ! » Dès ma descente de voiture je suis saisi et menotté par les gendarmes et jeté dans leur véhicule. Je proteste en arguant la violation de la loi relative à l'heure de l'interpellation et le manque de présentation d'un mandat d'arrêt. Le chef des gendarmes en charge de l'opération me met alors sous les yeux une note manuscrite signée du président de la République. Je lui réplique que ce n'est pas suffisant. Il me rétorque que c'est un ordre présidentiel. Tout est dit ! Je suis obligé d'obtempérer sans résister !

Lorsque nous arrivons au commissariat central de police, je reconnais deux Français, également arrêtés, un avocat et une femme, secrétaire au service des domaines. Ils sont en train d'être fouillés méthodiquement. Peu après, c'est à mon tour de subir cette même opération. Pendant ce temps, le chef des gendarmes, celui qui m'a conduit ici, téléphone à un correspondant inconnu. Je l'entends dire : « Le colis est déposé au commissariat ».

Il n'est pas loin de minuit.

Ma fouille terminée, on m'emmène dans une pièce où est installée une radio de communication. Dans un coin, un lit

Picot surmonté d'une moustiquaire m'attend. Exténué par l'intense émotion de cette soirée mouvementée, je sombre très vite dans un profond sommeil. Le grésillement de la radio allumée me réveille vers 10 heures du matin. Étourdi, désorienté, je ne comprends pas où je suis car dans mon sommeil un rêve m'a ramené dans ma maison de Baïbokoum parmi plusieurs membres de ma famille et je m'y crois encore ! Ma confusion ne dure pas car en balayant du regard l'endroit où j'ai dormi, je reprends vite conscience et me souviens que l'on m'a conduit ici, dans une pièce servant de local radio au commissariat central, devenue depuis hier soir ma cellule ! Un policier, assurant certainement la surveillance de l'appareil radio, me demande d'un ton courtois :

— Monsieur le directeur, n'êtes-vous pas trop fatigué ?

— Non merci, mais pourrai-je avoir un verre d'eau ?

— Oui bien sûr, d'ailleurs votre famille vous a apporté un petit déjeuner.

Là-dessus, il pose à côté de mon lit, à même le sol, un plat préparé puis il m'apporte une chaise. Je prends tranquillement ce petit déjeuner sans trop chercher à comprendre ce qui m'arrive. À treize heures, c'est ma fille aînée accompagnée d'un chauffeur qui vient m'apporter à manger. Je les aperçois à travers la porte du bureau devenue ma cellule et je parviens même à leur adresser quelques mots. « Tout va bien pour le moment à la maison. » me répond ma fille. Pourtant, au ton de sa voix je sens que ce n'est pas tout à fait vrai.

Trois mois se sont écoulés depuis mon arrestation. Trois mois pendant lesquels le directeur et le commissaire principal de police n'ont cessé de me harceler pour m'amener à faire une déclaration mensongère à la radio nationale contre Adoum Aganaye, le ministre des P et T. Il faut que je l'accuse d'avoir puisé des fonds dans la caisse du service pour ses besoins personnels, moyennant quoi on me libérerait sur le champ. Je demeure inflexible en répétant que je ne peux accuser faussement un homme qui aurait tout loisir de se disculper devant des juges. Par ailleurs, nous aurions du mal, le service comptable et moi-même, à fournir la preuve d'un tel détournement. En outre, la commission d'enquête parlementaire qui a inspecté nos services il y a à peine un mois, nous a délivré un quitus prouvant la bonne tenue de la caisse. Inutile d'insister ! Je n'ai rien à dire ni personne à accuser !

Les deux hauts fonctionnaires de la police sont sans aucun doute poussés par le président de la République qui tient à mouiller Adoum Aganaye par mon intermédiaire. Face à mon évidente sincérité, ont-ils même cherché à infléchir la position du président ? Et se soucient-ils réellement de ma libération ? En tout cas, ils sont à bout d'arguments pour me convaincre de coopérer avec eux dans cette mauvaise action. Entre l'inflexible Tombalbaye et moi qui, malgré toutes les pressions, tiens à mon honnêteté, il n'y a pas d'arrangement possible. Un langage de sourd s'installe. Je me dis que devant cette impasse ces hauts fonctionnaires au service du président finiront bien par se décourager ! Mais ils tiennent mon avenir, ma vie et celles des miens entre leurs mains. En dépit de cette menace, me reviennent à l'esprit les paroles de mon père : « Il faut suivre son chemin… » Le mien n'a qu'une bonne direction, celle que je prends. Je n'ai pas d'autre alternative.

Cependant, le destin qui s'acharne sur moi et ma famille ne s'arrête pas là. Un beau matin, la commission d'enquête parlementaire revient chez moi pour exécuter une mission infâme : chasser ma femme et mes enfants de ma propre maison et récupérer quelques-uns de mes biens personnels : une voiture, un pistolet, deux armes de chasse. Déjà au lendemain de mon arrestation, ont été saisis des documents de service, mon ordre de mission en France et, malgré les protestations de ma femme, un carton contenant les pièces d'état civil de toute la famille ainsi qu'une somme d'argent d'un montant de 190 500 francs CFA posée sur mon bureau et destinée à l'entretien de la famille pendant mon absence. Tout ça, évidemment, dans une parfaite illégalité.

Au fil des semaines et des mois, les conditions de ma détention se détériorent. Interdiction est faite à ma famille de me rendre visite, et la nourriture qu'elle m'apporte est fouillée ; défense de sortir à dix-huit heures de la petite pièce où je suis enfermé pour me dégourdir les jambes dans la cour du commissariat comme je le faisais auparavant. En réalité, ces tortures psychologiques et morales progressives sont programmées pour briser ma volonté et m'amener à accepter de faire un faux témoignage contre le ministre Adoum Aganaye.

Un après-midi, vers 16 heures, le commissaire que je connais depuis longtemps, me fait venir dans son bureau. Il prend un air attristé et compatissant pour me dire :

— Jean-Baptiste, tu as toute ma sympathie, tu sais comment nos familles sont liées. Tu dois savoir que le président ne te veut aucun mal, il faut simplement l'aider à se débarrasser de ses ennemis politiques. Il y a des choses que nous ne pouvons pas t'expliquer en totalité mais tu es assez grand pour comprendre qu'il peut, grâce à ton aide, régler le sort de ton oncle Kéiro écarté du pouvoir depuis de longues années. Il est moins dangereux que ces gens qui cherchent maintenant à le détruire et que tu connais bien. Cher Jean-Baptiste, réfléchis et pense à l'avenir de tes enfants qui viennent d'être jetés à la rue...

Je l'interromps avant qu'il ne poursuive sa tentative de déstabilisation :

— Marcel, c'est le prénom du commissaire, je te comprends, je comprends la peine que tu te donnes pour moi et surtout pour ma famille mais je refuse de faire un faux témoignage. La vérité ? Toi, tu la sais, moi je la sais, le président la sait ! Le président est une personnalité politique, il peut se permettre de dire ce qu'il veut, pas moi, un simple cadre technique. La gestion du service dont j'ai la charge a été vérifiée par la commission d'enquête parlementaire. Un quitus m'a été délivré à la fin du contrôle prouvant la bonne gestion de nos comptes. Je crois que le président a été mal conseillé en voulant m'utiliser pour atteindre ses ennemis. Demain, si l'homme qu'on tente d'abattre me demande des explications devant la justice, je serais incapable de lui répondre. Et devant Dieu ? Que dirais-je ? Non Marcel, tel que je suis, je ne peux pas mentir. Ma soif de vérité est plus forte que la peur d'éviter le pire. Je m'excuse donc de te décevoir.

Il se tait et me fait reconduire en cellule sans ajouter un mot. Ne pouvant m'amener à récipiscence pour une faute que je refuse de commettre, ceux qui tirent les ficelles dans les coulisses multiplient les actes d'intimidations, les tortures morales tant sur moi que sur ma famille. Les visites des parents et amis sont systématiquement refusées. Je suis enfermé sans sortir prendre l'air, je tourne comme un animal en cage entre les murs qui m'enferment. Bref, je subis un internement arbitraire de plus en plus draconien.

Un jour, le policier gardien de ma cellule m'informe discrètement que je suis programmé à 20 heures pour un interrogatoire à la cité de l'OCAM. Il m'annonce ça comme si c'était un événement normal et même insignifiant ! Moi, je sais ce qui m'attend ! En effet, la plupart des fonctionnaires et hommes politique arrêtés ont été soumis à des séances de tortures devant le président de la République lui-même, au palais présidentiel. Comme celui-ci est actuellement en travaux de réfection, le président a déménagé à la cité dite de l'OCAM, ces villas bâties au bord du Chari pour recevoir les délégations à la conférence de l'Organisation de la Communauté des États d'Afrique et de Madagascar qui a eu lieu en 1970. C'est désormais dans l'une de ces villas que les détenus subissent toutes sortes d'humiliations, bastonnades, flagellations et autres tortures pour leur faire avouer des complots ou des machinations qui, selon les tortionnaires, sont ourdies pour renverser le régime. Certains sont ainsi morts sous la torture.

J'en suis à mon troisième mois de détention et je ne sais pas comment je vais réagir. Je n'ai guère le temps de me poser trop de questions car à 16 heures de ce même jour, juste après l'information de mon gardien, je reçois la visite de Raymond Eyer, ce pasteur de mon église que je connais depuis longtemps. Pour me voir, il a eu l'autorisation de Gabriel Mamadou, le directeur de la police. Sa visite dure vingt-cinq minutes, consacrée en grande partie à des prières. Avant de quitter ma cellule, il me remet une bible, un pain et deux boîtes de sardines. Je l'en remercie chaleureusement.

Réconforté par cette visite et nos prières, j'attends le moment fatidique de mon transport à la Cité de l'OCAM. Le directeur de la police et son équipe, qui doivent m'y conduire, restent dans le commissariat jusqu'à vingt-deux heures. Inutilement car rien ne se passe, sans que l'on sache pourquoi. Le lendemain, le même gardien qui m'avait déjà averti, m'informe que la séance est reportée à une date ultérieure.

Un mois plus tard, c'est un autre policier, membre de mon église, qui m'apprend que je serai emmené à la cité de l'OCAM, vers vingt heures. Mais je suis encore là lorsqu'à dix-sept heures un pasteur tchadien de l'Assemblée chrétienne, monsieur Ndakiran, très connu dans le milieu protestant, est autorisé à venir me voir. Il m'apporte un exemplaire du Nouveau Testament, deux morceaux de pain, deux boîtes de sardines, une de corned-beef, de quoi améliorer un peu mon menu. Comme précédemment avec Raymond Eyer, nous prions beaucoup. Vingt minutes après il me quitte. Cette fois encore, l'équipe de service qui devait me conduire à l'OCAM ne reçoit pas l'ordre attendu.

Deux autres détenus d'une cellule voisine ont eu moins de chance. L'un d'eux est Joël Bégui, un type grand et costaud, ancien conseiller à l'ambassade du Tchad à Bruxelles où Adoum Aganaye était naguère ambassadeur. Y a-t-il cause à effet ? Ramené quelques heures plus tard dans sa cellule, Joël Bégui y meurt dans la nuit, sans aucun doute des suites de tortures. Quant à moi, plus personne ne me parle de ma présentation à la cité de l'OCAM.

Outre les deux Français que j'ai rencontrés au commissariat le premier jour de mon arrestation et qui ont été libérés après une semaine de détention, deux autres personnalités sont également retenues au commissariat central. Il s'agit de Marcel Lallia, un homme d'affaires français et ancien député au Tchad et Khaltouma Guémbang, une des rares femmes députées à cette époque. Lallia partage ma cellule-bureau, Khaltouma occupe une autre pièce.

Un soir, après de multiples requêtes, le directeur de la police me permet de sortir à dix-sept heures pendant quinze minutes à l'air libre. Je vais et viens dans la cour en passant régulièrement devant le bureau de l'inspecteur chargé de l'interrogatoire des personnalités politiques arrêtées. À mon second passage j'entends un cri pareil à celui d'une bête qu'on égorge. Je pousse violemment la porte et dès mon entrée je vois cette grande et forte femme qu'était Khaltouma Guémbang assise à califourchon sur un homme qu'elle tente d'étrangler. Je me précipite sur elle et, de toutes mes forces, je la tire en criant : « Non, Khaltouma, non, je t'en supplie, ne fais pas ça ! ». Avec grand peine, je parviens enfin à la soulever alors qu'elle se débat et hurle :

— Laisse-moi tuer ce salaud !
— Non Khaltouma ! Non !

Khaltouma se relève, le malheureux inspecteur, tout au plus âgé d'une trentaine d'années et apparemment assez fort pour se défendre, se redresse et me dit :

— Merci, monsieur le directeur !

Il sort en s'époussetant, la main sur son cou malmené et appelle d'autres policiers pour ramener Khaltouma dans sa cellule.

Mon quart d'heure de promenade étant terminé, je regagne la mienne sans savoir ce qui s'est réellement passé entre l'inspecteur et Khaltouma. Celle-ci quitte le commissariat deux jours plus tard pour rentrer chez elle.

Jusque-là, je n'avais jamais rencontré Marcel Lallia devenu ici mon compagnon de misère. Je sais seulement qu'il a été député en 1959 en même temps que mon parent Thomas Kéiro. En revanche, je connais bien son frère, Maurice Lallia, propriétaire de la rizerie de Laï où j'étais en poste. En partageant la même cellule nous nous découvrons et nous nous lions d'amitié. Il devient même mon confident. Il est là depuis un mois sans pouvoir joindre l'ambassade de France pour l'alerter de sa détention. En prenant mille précautions, je parviens à remettre un bout de papier à ma fille qui le confie à son tour à l'un de mes collaborateurs français des P et T, monsieur Leroy. C'est grâce à ces relais que Monseigneur Dalmais, l'évêque de Fort-Lamy, peut rendre visite à Marcel Lallia. Le lendemain c'est le consul de France qui vient, lui apportant le nécessaire pour sa toilette. Tout heureux, Marcel Lallia m'apprend alors comment il a été piégé par Tombalbaye. « Il m'a envoyé une lettre personnelle, me raconte-t-il, pour m'inviter à venir le voir. Nous avions un différend et je pensais qu'il fallait en effet régler le problème de vive voix entre nous et parvenir à nous réconcilier comme il me le proposait dans sa lettre. Pourtant, compte tenu des relations tendues qui prévalent actuellement entre le Tchad et la France, les autorités de mon pays m'avaient fortement déconseillé de me rendre à cette invitation. Mais je me suis entêté car j'aime beaucoup le Tchad où j'ai vécu de longues années et je suis tombé dans le panneau ! J'ai été cueilli au bord du Chari comme un malpropre ! Tous mes papiers ont été confisqués. Et pour comble, le président Tombalbaye clame qu'il ne m'a jamais invité, que je suis venu à la Cité de l'OCAM sans la moindre convocation ni lettre. Merci de m'avoir mis en contact avec les autorités de mon ambassade. »

Le ministre de l'Intérieur l'a pris en charge depuis son arrestation et lui fait apporter ses repas de l'hôtel « La Tchadienne ». Un soir, mon compagnon est pris d'un brusque malaise. Il respire mal, suffoque. Je frappe à la porte de notre cellule pour appeler le surveillant, un policier probablement proche du président de la République. Dès qu'il entre, je le préviens :

— Monsieur Lallia est très malade.

Il réplique avec flegme :

— Et alors ?

J'insiste :

— Il faut informer votre direction pour le faire soigner.

Sans même répondre, il referme la porte de notre cellule.

Deux heures plus tard, Lallia est au plus mal. Il bave et ne parvient plus à parler. Je frappe à nouveau de toutes mes forces contre la porte. Le gardien l'entrouvre, passe la tête et me lance :

— Monsieur le directeur, ne m'embêtez pas !

Furieux, je riposte :

— Vous êtes un méchant homme, ce monsieur est en train de mourir, il faut le sauver, je vous en prie, faites quelque chose !

Il disparaît et je crois qu'il est allé chercher du secours.

Deux heures, quatre heures passent, personne ne vient. Lallia ne bouge plus. Je lui ferme la bouche et ses yeux restés grand ouverts avant de le recouvrir de son drap. Puis je m'étends sur mon lit Picot sans trouver le sommeil. Faut-il encore taper à la porte, appeler quelqu'un ? Non, ce n'est plus la peine.

Il est 4 heures du matin quand notre bon gardien ouvre enfin la porte et entre dans la pièce où la lumière est restée allumée. Il s'approche du lit de Lallia, soulève le drap jeté sur son corps et, après un rapide coup d'œil dans ma direction, rabat le drap et repart.

Une heure plus tard, le commandant Gourvenec, un coopérant français chef du service des renseignements du président de la République et Gabriel Mamadou, le directeur de la sûreté, entrent dans la cellule et, sans rien toucher, en ressortent. Deux policiers les suivent avec un brancard pour enlever le corps de Lallia et emporter ses affaires.

Moi, allongé sur mon lit, je fais semblant de dormir profondément. De temps en temps, j'ouvre imperceptiblement les yeux pour voir ce qui se passe en me gardant bien de bouger. À sept heures, je me lève comme d'habitude pour aller aux toilettes et reviens me coucher. Je croise au passage les yeux du gardien. Nous nous observons sans échanger un mot. Ce jour-là, le chauffeur qui m'apporte habituellement mon petit déjeuner à huit heures n'a pas le droit de s'approcher de ma cellule. C'est un policier qui prend le repas et le dépose devant moi.

Le lendemain, un communiqué de presse du ministre de l'Intérieur, diffusé par la radio nationale, annonce le décès de Marcel Lallia survenu à la suite d'une crise cardiaque à l'hôpital central de N'Djaména où il avait été transporté pour y recevoir des soins. Cette information me parvient par le transistor allumé de mon gardien, Je n'en crois pas mes oreilles ! Je fixe d'un œil accusateur cet homme impassible qui écoute paisiblement cette nouvelle. Pour moi, c'est un criminel de la pire espèce.

De quoi est mort Marcel Lallia ? Personne ne le sait. Plus tard, je suis allé voir sa tombe au cimetière de Farcha. Elle est entourée d'une chaîne qui l'emprisonne pour l'éternité.

Les deux nuits qui suivent son décès, le sommeil me fuit. Les mêmes pensées tournent et retournent dans ma tête. Je risque de mourir comme mon compagnon, abandonné dans une cellule, sans que personne ne sache ni les raisons de mon arrestation ni la cause de mon décès. Je décide de me faire entendre avec beaucoup de bruit. C'est pourquoi, un lundi vers 10 heures, je cogne et cogne encore, de plus en plus fort, contre la porte de ma cellule. Quand le gardien surgit précipitamment, je hurle dans sa direction : « Je veux voir le directeur de la police ! »

Il ne répond pas et repart en claquant la porte.

Il est midi quand un autre policier survient et m'emmène dans le bureau du directeur qui grommelle sans même lever les yeux de ses dossiers :

— Tu veux me voir ?

— Gabriel (c'est le prénom du directeur de la police), je suis là depuis bientôt six mois sans qu'aucune accusation ne soit portée contre moi. Je demande que vous me présentiez à la justice. À moins que vous vouliez me faire mourir en cellule sans aucune explication ni justification ?

Il relève alors la tête, daigne me faire un grand sourire et ordonne au policier de me ramener en cellule.

Une semaine passe. Le vendredi suivant, le 25 juin 1973 vers midi, le gardien me demande de sortir et me conduit dans ce bureau où l'on m'avait emmené le 12 janvier 1973 à 23 heures 30, alors que je m'apprêtais à prendre l'avion pour la France.

— Vous êtes libre, me déclare l'officier de service. Je vais vous faire reconduire chez vous dans une voiture de la police.

Il ouvre ensuite une armoire et en sort pour me les remettre toutes mes affaires confisquées la nuit de mon arrestation. Je demande :
— C'est tout ?
— Oui, monsieur le directeur, c'est tout.
— Pourrais-je passer un coup de téléphone à ma femme ?
— Pourquoi ?
— Pour qu'elle vienne me chercher ! Je refuse de monter dans votre véhicule.
— Dans ce cas attendez-moi ici. Il faut que je consulte le directeur pour vous l'autoriser.

Il revient quelques minutes plus tard. Je peux téléphoner à ma femme ! Quelle surprise lorsqu'elle entend ma voix ! Emue, elle balance entre la joie et la peur.
— Comment te portes-tu ? Me questionne-t-elle d'un ton mal assuré.
— Ça va ! Je suis libéré. Vous pouvez venir me chercher au commissariat central, je vais rester dehors sous les arbres.

Oui je suis libre et bien portant avec des cheveux et une barbe comme ceux d'un rebelle sorti du maquis. Ma femme, ma fille aînée et l'un de mes garçons, le petit malin qui s'était faufilé entre les jambes des gendarmes pour courir seul en pleine nuit afin de me prévenir de ce qui se passait chez moi, arrivent bientôt en voiture pour me prendre. Nombreux sont les amis et les parents, de simples curieux aussi, qui passent me visiter à la villa que Thomas Kéiro a mis à la disposition de ma famille après leur expulsion de notre propre maison. Pendant une semaine entière, je ne parviens pas à mettre le nez dehors, passant mon temps à accueillir un défilé ininterrompu de visiteurs, de jour comme de nuit.

La villa de Kéiro qui nous héberge est située sur l'avenue Mobutu, à côté de celle attribuée au ministre de l'Intérieur, Douba Alifa. De l'autre côté de l'avenue, se trouve la station

Shell et un peu plus loin, la Cité de l'OCAM. Des voisinages dont je me serais volontiers passé.

Le lundi de la semaine suivante, je vais à l'hôpital central pour consulter un médecin-colonel français. Tous les deux évoquons mon compagnon de malheur, Marcel Lallia. Il m'examine et me prescrit quelques médicaments pour m'aider à reprendre pied dans une vie normale. Mais dans l'ensemble, ma santé est bonne.

Je pense maintenant aux termes de la plainte que je me propose de déposer à la justice. Durant trois nuits de suite, entre une heure et quatre heures du matin, je réfléchis, je griffonne mon projet sur un brouillon. J'ai presque terminé quand je me pose la question : contre qui cette plainte ? L'évidence m'apparaît bientôt clairement ! Contre l'État pour abus de pouvoir et arrestation arbitraire ! Une autre idée me vient à l'esprit : associer à cette démarche deux autres fonctionnaires amis qui ont été détenus dans les mêmes conditions que moi après le contrôle de leurs services par la commission d'enquête parlementaire : Elie Romba, directeur des domaines et Gaston Tarda, directeur des douanes. Il est vrai qu'ils n'ont été emprisonnés qu'une semaine mais se joignant à moi, cette plainte aura davantage de force et quelque chance d'aboutir. Mais les deux fonctionnaires estiment que cela ne vaut pas la peine, et refusent ma proposition. Peut-être même craignent-ils des représailles ? Je ne me décourage pas pour autant et je prends contact avec un avocat français, Maître Vard, que j'avais rencontré au commissariat pendant ma détention. Je lui soumets le brouillon de ma plainte en lui demandant d'assurer ma défense. Il me répond que l'idée est bonne, que mon projet de brouillon est correctement formulé mais qu'en fin de compte mon entreprise ne m'amènera pas bien loin car le Tchad n'est pas un pays de droit ! Il tient à me prévenir que le gouvernement empêchera la justice d'instruire ma plainte, que dans la situation où je suis, cela me créera encore davantage de difficultés. Il conclut notre discussion par ce conseil sans équivoque : « Vous avez un pied dehors et un pied dans l'eau. Ne revenez pas en prison ! »

C'est un bon conseil. Le conseil d'un homme de droit, un avocat. Cependant, je ne me laisse pas influencer. Je tiens à prouver à l'opinion nationale que j'ai été accusé à tort de je ne sais quoi, que les causes de mon arrestation sont sans aucun fondement, ne reposent sur rien de vrai. Je veux rétablir la vérité sur ces arrestations dont sont victimes également d'autres compatriotes.

Un ami, Ousmane Pierre Touadé, un journaliste connu pour son intégrité et sa rigueur professionnelles, m'encourage à aller de l'avant. Il travaille même avec moi le texte de la plainte. Enfin, après une semaine de mise au point, je la dépose au greffe de la cour de N'Djaména. Très vite, des rumeurs circulent en ville sur ma volonté d'ester l'État en justice. Certaines chancelleries étrangères, saisies de curiosité, m'approchent pour solliciter une copie de ma plainte. L'affaire prenant de l'ampleur, le président de l'Assemblée nationale me convoque. Il me prie instamment de retirer ma plainte et se dit prêt à intervenir auprès des instances compétentes pour que soit trouvé un compromis acceptable. Pour qui ? Moi ou l'État que j'accuse d'arbitraire ? J'ai eu le temps d'approfondir mes connaissances en la matière et lui réponds :

— Si je me réfère à la constitution de 1962, dans aucune de ses dispositions il n'est prévue la mise sur pied d'une commission parlementaire d'enquête chargée de contrôler et d'arrêter des fonctionnaires. C'est la raison pour laquelle j'ai demandé dans ma plainte à la cour d'Appel de déclarer nulle cette commission créée par le gouvernement et de nul effet les résultats de son travail. Je maintiens donc ma plainte. »

Après la démarche du président de l'Assemblée nationale, le président de la République me convoque à son tour par l'entremise du ministre de l'intérieur. Il s'est renseigné auprès de Brahim Séid, ministre de la Justice et magistrat de formation sur le dysfonctionnement constitutionnel que je relève dans ma plainte. Le bien-fondé de mes dires lui ayant été ainsi confirmé, le président me propose un marché : si je retire ma plainte, en contrepartie, il fera en sorte que soient annulées toutes les sanctions dont je suis l'objet.

Je lui demande quarante-huit heures de réflexion avant de lui donner ma réponse.

Quant au ministre de l'Intérieur, il continue à faire du chantage en faisant planer sur moi la menace d'une nouvelle arrestation dans le cas où je maintiendrais ma plainte. C'est une intimidation de trop ! Piqué au vif, cette position du ministre de l'Intérieur m'incite à ne plus reculer. Et passé le délai de réflexion qui m'a été accordé par le président de la République, je confirme au ministre de la Justice mon intention de maintenir ma plainte en l'état.

Deux jours plus tard, je reçois la copie d'une lettre du ministre de la Justice adressée au président de la cour d'Appel l'invitant à reporter sine die la plainte de Jean-Baptiste Laokolé contre l'État. Que puis-je faire face à ce mur dressé devant moi ? Me revient à l'esprit les paroles de l'avocat français : « Le Tchad n'est pas un pays de droit ». Oui, il a bien vu, la justice n'est pas libre dans mon pays. Il me faut attendre ! Combien de temps avant que justice me soit rendue ?

Le gouvernement ne s'en tient pas là et revient à la charge. Des sanctions, minutieusement préparées contre moi-même et de hauts fonctionnaires se retrouvant dans une situation similaire à la mienne, commencent à tomber. Je suis ainsi muté à Ati comme receveur des PTT, un bureau de poste de cinquième catégorie, tenu à la rigueur par un employé subalterne ayant le grade de commis ou par un simple agent d'exploitation. Théodore Adoum, agent comptable des PTT, l'un de mes collaborateurs, accusé de falsification de factures sans pourtant avoir été arrêté, est rétrogradé de plusieurs échelons et affecté à Am-Timan, un petit bureau de cinquième catégorie. De même, Elie Roumba, ex-directeur des domaines, se voit affecté à Moussouro, et Gaston Tarda des douanes à Pala, des postes également réservés à des fonctionnaires de rangs inférieurs. Ces trois cadres regagnent leurs postes d'affectation respectifs sans émettre d'objections.

Ce n'est pas mon cas. J'écris au ministre des P et T pour lui signifier mon refus de rejoindre mon nouveau poste, lequel convient plutôt à un commis ou à un agent d'exploitation, conformément à la loi portant statut particulier des fonctionnaires des P et T. Or, je suis de la classe A réservée aux cadres de conception, je ne peux donc accepter qu'un poste correspondant à mon grade. Le ministre des P et T, Adoum Aganaye, respectueux de la loi et des statuts, refuse de signer mon affectation, décidée sans lui, dont le caractère punitif est évident. Mais le Secrétaire d'État aux P et T, n'a pas le même respect du droit et sans état d'âme signe à sa place l'arrêté de ma mutation. De surcroît, il m'écrit en me menaçant de graves sanctions si je n'obtempère pas.

Deux semaines plus tard, le président de l'Assemblée nationale me convoque une nouvelle fois. Il me conseille aimablement de suivre l'exemple de mes collègues des domaines et des douanes qui ont déjà regagné leurs nouveaux postes sans protester. En revanche, il compte intervenir auprès de l'administration pour normaliser ma situation dans les meilleurs délais. Mais, avant tout, je dois me soumettre à la décision qui vient d'être prise, exécutoire dès sa publication.

Je bouillonne de colère ! Faut-il l'insulter, lui dire qu'il n'est pas digne d'occuper ce poste de président des élus du peuple ? Je parviens à me dominer et lui adresse seulement des remerciements pour ses conseils. Ce qui ne m'empêche pas de lui avouer que je ne partirai pas à Ati en lui faisant remarquer que ce bureau auquel on m'affecte ne peut pas être tenu par un fonctionnaire de mon grade. J'ajoute que ce serait violer la loi de ne pas tenir compte des statuts particuliers des P et T. Étant législateur, lui, un élu du peuple, ne peut assister ou aider l'exécutif à violer la loi.

Apparemment, il n'est pas très à l'aise en m'écoutant. Il essaie de me faire comprendre par des gestes d'apaisement qu'il ne cherche qu'à sauver la situation et finit par me dire qu'il sait ce que tout le monde au Tchad sait, que je suis un bon et sérieux fonctionnaire.

Assiste à la discussion l'un des vice-présidents de l'Assemblée qui me semble un peu plus éclairé que son chef. Il se rend compte que je suis en train de me moquer d'eux. Il intervient en disant qu'ils n'avaient pas compris le sens de ma position et qu'ils s'excusent des conseils qu'ils m'ont donnés. Cette dernière intervention clôt nos échanges. Je les remercie une fois de plus et je les quitte. À la sortie, l'un des trois gendarmes présents aux débats me déclare : « Bravo monsieur le directeur, il faut tenir ferme pour faire comprendre à ces gens-là ce qu'est le respect de la loi. » Je le regarde et lui dis simplement : « Merci ! »

Une semaine s'est écoulée depuis ma rencontre avec le président de l'Assemblée nationale. Entre temps, j'ai envoyé au ministre de la Fonction publique, par la voie hiérarchique normale, une demande de mise en disponibilité. Mais le ministre de l'Intérieur, Douba Alifa, intervient auprès de mon parent, Thomas Kéiro, qui a été également ministre et député comme lui, pour qu'il me pousse à rejoindre mon poste d'affectation car le président de la République y tient et ne veut pas perdre la face devant la volonté d'un simple fonctionnaire. « Kéiro, insiste-t-il, je te conjure de conseiller à Laokolé d'accepter son affectation comme l'ont déjà fait les autres cadres. Il ne doit pas donner le mauvais exemple ! D'ici un mois ou deux, lorsque la tension retombera, tous seront alors ramenés à N'Djaména pour reprendre leurs fonctions. »

C'est mal connaître Thomas Kéiro au caractère bien trempé. Il rejette violemment sa proposition en rappelant au ministre quelques principes élémentaires de la haute fonction qu'il occupe. Ce qui n'est pas du goût du tout puissant Douba Alifa qui le traite de tous les noms et lui signifie clairement que, même ici, à N'Djaména, il peut à tout moment mettre fin à la situation en faisant assassiner Laokolé...

Une semaine après cette entrevue houleuse, deux gendarmes arrivent un matin à la villa que nous habitons en me présentant de la part du ministre de l'Intérieur une feuille de route et un billet d'avion à destination d'Ati. Ils me demandent de les accompagner à l'aéroport afin de regagner illico mon nouveau lieu de travail. Encore heureux qu'il n'ait pas exigé que les gendarmes me mettent dans l'avion manu militari ! Je récupère les documents de voyage que j'ai encore dans mes archives personnelles, et rassure les commissionnaires : je partirai la semaine prochaine pour Ati.

Mon intention est pourtant toute autre ! Je n'irai pas là-bas comme un mouton mené à l'abattoir ! Il faut savoir que la région d'Ati est alors occupée de bandes rebelles qui ont déjà assassiné plusieurs fonctionnaires. Compte tenu de la menace du ministre de l'intérieur, là-bas il aurait été facile de se débarrasser du gêneur que je suis en mettant le meurtre commis sur le compte des rebelles.

Comme je suis resté à N'Djaména, une dernière sanction me frappe, c'est l'interdiction de sortir hors du périmètre urbain de la capitale.

Rappelons que j'occupe provisoirement avec ma famille une villa prêtée par Kéiro. Elle est proche de l'église de l'assemblée chrétienne située dans le quartier Sabangali, lequel s'étend de l'autre côté de l'avenue Mobutu sur les rives du Chari où se dresse un peu plus en amont la Cité de l'OCAM. Un matin, au moment où je sors de la concession et me prépare à traverser l'avenue pour me rendre à l'église, passe devant moi le cortège présidentiel. Tombalbaye tourne la tête et m'aperçoit sur le trottoir. Cela ne dure qu'une fraction de seconde qui suffit pour lui rappeler mon existence ! Deux jours après ce bref contact visuel, le service de la sécurité présidentielle descend à la villa et sans explications me somme d'en déménager. Après avoir consulté Kéiro, je décide de rester là jusqu'à ce qu'on me donne la raison d'un tel ordre. Cependant, le service de sécurité revient à la charge. Ai-je le choix ? Après réflexion et en concertation avec les parents et amis qui tous me conseillent de partir pour ne pas mettre ma famille en danger, je décide de déménager à Sabangali, dans la concession inoccupée de mon frère cadet actuellement étudiant en Côte d'Ivoire.

Kéiro lui-même, qui nous a hébergés dans sa villa, n'est pas exempt de tracasseries. D'ailleurs, n'est-ce pas lui qui m'aurait incité à refuser mon affectation à Ati ? Il faut le sanctionner ! Dans un premier temps, il lui est demandé de justifier les moyens financiers qui lui ont permis de posséder une maison d'un tel standing. Une enquête est menée dont la conclusion est sans appel. Cette villa a été construite grâce à un prêt consenti par la Banque de Développement du Tchad, dite BDT, dont le remboursement se fait par des prélèvements mensuels effectués sur le salaire indiciaire de Kéiro. Tout est donc normal, sans distorsion relevée. En dépit de ces preuves, la BDT reçoit l'ordre de procéder à la saisie de cette maison si Kéiro ne règle pas le solde de son prêt dans un délai d'une semaine. Personne ne comprend cet acharnement. Est-ce une simple intimidation ou une réelle volonté de nuire ? La direction de la banque est gênée car elle ne voit aucune raison de se plier à une telle injonction, contraire à son mode de fonctionnement. Pourtant, la présidence de la République persiste et maintient son ordre.

Excédé et furieux, Kéiro déclare : « Je ne la laisserai pas tomber cette villa entre les mains de Tombalbaye ! Je préfère la mettre en vente tout de suite ».

Un acquéreur se présente sans tarder, un certain Khalifa, homme d'affaires de la place, qui achète la villa. Pendant cette négociation, un décret présidentiel signé par Tombalbaye met fin aux fonctions de Thomas Kéiro, ambassadeur du Tchad en République centrafricaine et au Cameroun avec résidence à Bangui. Dans le même temps, mon salaire est suspendu pour refus de regagner mon poste de travail. C'est avouer que sans revenus, les mois qui suivent, de 1974 à 1975, sont très difficiles à vivre pour toute la famille.

Un jour, un ami arrivé du Sud me rend visite à Sabangali. Il vient d'acheter un pick-up de la marque Peugeot. Contrairement aux conseils de ma femme, je décide sur le champ de l'accompagner à Bongor où j'ai un parent. À la barrière de contrôle de Guéléndeng, dressée sur la route à 150 kilomètres au sud de N'Djaména, des agents de sécurité font stopper la voiture et m'interceptent en me déclarant : « Monsieur Laokolé, vous êtes interdit de sortir hors de la zone urbaine de N'Djaména. Restez sur place jusqu'à ce qu'on nous communique des renseignements sur vous. » Ce faisant, ils retirent les pièces d'identité que j'avais sur moi. En les parcourant, ils se rendent compte qu'elles portent mon nom doublé d'un prénom chrétien dont la révolution culturelle de Tombalbaye depuis deux ans a imposé la suppression. Ils s'en étonnent. Je leur explique qu'étant prisonnier il ne m'avait pas été possible de modifier mon prénom mais qu'en revanche mon nom est bien celui que je porte depuis ma naissance. Acceptent-ils mon explication ? Sans mot dire, ils me conduisent dans un hangar où est installé un appareil radio. Cet endroit me rappelle amèrement ma cellule-bureau au commissariat central de N'Djaména. Là, les agents de la sécurité entrent en communication par radio avec leur direction et reçoivent l'ordre de me faire revenir à N'Djaména, sous bonne surveillance. J'ai tendu l'oreille à ce qui s'est dit au cours de l'échange et compris que l'agent chargé de m'accompagner me conduira directement à la compagnie tchadienne de sécurité, la CTS, dont le responsable, le colonel Saleh Biani, est l'un de mes cousins. Cette CTS, très puissante et redoutable, est le bras armé de Ngarta Tombalbaye.

On m'embarque donc dans un pick-up qui fait le voyage de Sarh à N'Djaména. Mais aucun agent de la sécurité ne nous accompagne. Ordre est donné au chauffeur de m'interdire de descendre du véhicule, quel que soit le prétexte. Arrivé à N'Djaména dans la soirée, à mon heureux étonnement, le chauffeur me demande :

— Où dois-je vous déposer ?

Je lui réponds :

— Chez moi, à Sabangali ».

Ce 7 avril 1975, il est dix-huit précises quand nous arrivons à la maison.

À 20 heures, le colonel Saleh Biani se présente chez moi pour s'assurer que je suis bien là. Il se montre très surpris. Pour quelle raison aucun gendarme ne m'a accompagné et pourquoi le conducteur m'a déposé chez moi au lieu de me conduire à la CTS comme il l'avait exigé ? Je n'ai pas de réponse à lui donner. Il me reproche alors d'avoir quitté N'Djaména sans l'autorisation du service de sécurité et dans sa lancée me traite de têtu ! Puis il se met à l'écart et appelle par talkie-walkie un correspondant. Est-ce le président ? Le ministre de l'Intérieur ? Je ne sais. Je l'entends dire : « Laokolé a bien été ramené chez lui. Faut-il le conduire à la CTS ? » À mon grand soulagement, ce n'est pas nécessaire !

Sur ce, le colonel Biani repart non sans me mettre en garde : « Fais un peu attention Laokolé, par ton attitude, tu ne nous aides pas, nous tes parents ! »

Toutes mes pièces d'identité sont restées entre les mains des gendarmes de la barrière de Guéléndeng. Elles ne me seront remises que dix-sept ans plus tard, en 1992. Je m'étais alors rendu à la mairie de N'Djaména lorsqu'un agent de l'état civil s'était approché de moi :

— Est-ce bien vous monsieur Jean-Baptiste Laokolé ?
— Oui, c'est bien moi.

Il m'annonce alors :

— J'ai des papiers qui vous appartiennent : une carte d'identité et un permis de conduire.

Je le regarde, ébahi. Puis, je le suis pour récupérer mes pièces d'identité en très bon état.

Le 15 avril 1975, une semaine après mon retour de Guéléndeng, le président Ngarta Tombalbaye est renversé par un coup d'État et tué. De nombreux prisonniers politiques parmi lesquels le Général Félix Malloum Ngakoutou, sont libérés. Si ma mémoire ne me trahit pas, le 18 avril 1975 je vois arriver chez moi le Général Djimet Mamari. Il me remet une invitation du Groupe des Officiers de l'Armée tchadienne (GROFAT). Je suis convoqué à la présidence de la République, à dix heures, pour rencontrer le Général Malloum qui, après le putsch, doit procéder à des consultations en vue de former le futur gouvernement.

Je me rends donc à l'invitation des officiers tchadiens. Dans la salle d'attente de la présidence, je rencontre Mahamat Miskine, un ingénieur électricien en poste à Moundou, également convoqué. Il m'explique qu'il a roulé toute la nuit pour être ici à dix heures précises. Entré avant lui dans le bureau du Général Malloum, et ressorti par une autre porte, je ne le revois plus.

Je trouve le Général très affaibli assis dans un fauteuil en cuir. Il est seul. Devant lui, sur une table basse en verre, est posé un bloc-notes de format 5x5. Il m'accueille avec un sourire et remarque :

— Toi au moins, tu n'as pas changé, tu m'as l'air bien portant.

— Oui mon Général, je n'ai pas été enfermé dans une cellule comme vous pendant trois ans.

À ces mots, nous rions ensemble puis il me dit :

— Tu dois savoir pourquoi je t'ai appelé ? À la demande du GOFRAT, j'aimerais que tu fasses partie du nouveau gouvernement. Je ne sais pas encore quel portefeuille te sera attribué, mais si tu me donnes ton accord, tu seras avec moi dans l'équipe.

Bien entendu, une telle proposition me flatte. Pourtant, je réponds :

— Merci mon Général d'avoir pensé à moi. Je voudrais seulement savoir si vous comptez faire appel dès maintenant aux rebelles pour que nous formions ensemble ce gouvernement ?

— Non ! C'est le gouvernement qui négociera avec les rebelles. »

L'entretien s'annonce délicat. Je tente d'expliquer qu'exclus du gouvernement, les rebelles ne manqueront pas de penser que le nouveau pouvoir n'est que le prolongement du régime de Tombalbaye. Ne vaudrait-il pas mieux que le GROFAT, tout en conservant provisoirement le pouvoir, lance un appel aux dirigeants de la rébellion pour former un gouvernement de réconciliation nationale ? C'est, je crois, la meilleure solution pour les amener à déposer les armes. D'autre part, sur le plan international, les rebelles semblent avoir une meilleure côte que les militaires.

— Tu as peut-être raison, répond Malloum, mais le groupe des officiers tchadiens a déjà pris sa décision. Je vais leur faire part de tes observations et de tes réserves.

Je le quitte en lui exprimant ma gratitude d'avoir bien voulu me consulter.

La liste du gouvernement est publiée et diffusée sur les ondes de la radio nationale le soir même. Mon nom n'y figure pas. Celui de Mahamat Miskine non plus. Beaucoup plus tard, j'apprendrai que l'ingénieur électricien avait émis, sans nous être consultés, les mêmes remarques que les miennes.

Après mon entretien d'avril 1975 avec le général Malloum, je n'ai plus guère de contacts avec les responsables du nouveau régime. Par ailleurs, rétrogradé de six échelons pour être ramené au niveau d'un inspecteur principal stagiaire, mes salaires longtemps suspendus, chassé de ma maison, dépossédé de mes biens personnels, je n'ai guère envie de reprendre du service dans la fonction publique. Pour comble d'indifférence, personne dans l'administration n'a répondu à ma demande de mise en disponibilité déposée depuis deux ans. Aussi ai-je en tête un autre projet : la création d'une ferme agro-pastorale. J'en ai déjà élaboré le plan de financement que je suis en train de négocier avec une banque de la place. Elle doit m'accorder un prêt de dix millions de francs CFA.

Mais en décembre 1975, je reçois une convocation de la présidence de la République. Le chef de l'État me propose un poste d'ambassadeur en République démocratique du Zaïre. Pourtant, bien qu'on n'en parle guère, les relations entre nos deux pays sont au point mort depuis le coup d'État militaire car le président Mobutu, grand ami de Tombalbaye, boude ouvertement les nouveaux dirigeants tchadiens. J'attire donc l'attention du président Malloum sur cette situation. « C'est vrai, reconnaît-il, mais nous avons besoin du Zaïre et nous devons faire le premier pas pour normaliser nos relations. Pour cela, il nous faut un cadre compétent et notre choix s'est porté sur toi. Tu as déjà effectué des voyages professionnels dans ce pays pour régler des problèmes de télécommunications et tu as marqué des points, les Zaïrois en parlent encore. Je crois qu'avec toi, nous pourrons reprendre de bonnes relations diplomatiques avec le Zaïre ».

La nouvelle me tombe dessus sans préavis et je réponds :

— Merci beaucoup pour la confiance que vous me témoignez mais j'ai besoin d'un temps de réflexion avant de prendre une décision.

— D'accord, à la condition que tu ne mettes pas un mois pour te décider ! Je te laisse quarante-huit heures pour donner ton accord au ministre des Affaires étrangères.

Ce dernier est le colonel Abdelkader Wadal Kamougué. Trois jours plus tard je vais le voir pour lui signifier mon acceptation du poste. J'y mets néanmoins une réserve : que la justice tchadienne se prononce sur ma plainte contre l'État tchadien pour les préjudices qu'il m'a fait subir en m'accusant sans preuves de détournement de fonds publics et en me détenant arbitrairement au commissariat central.

Le département des Affaires étrangères transmet ma demande d'agrément au gouvernement zaïrois. Mais en attendant sa réponse, la justice reprend mon dossier. La cour d'Appel de N'Djaména juge mon affaire. Je sors complètement lavé des accusations sans fondement portées contre moi, rétabli dans mon grade, et mes biens doivent m'être restitués. Bref, j'ai gagné mon procès contre l'État tchadien abusif !

Mon agrément étant accepté par le Zaïre, fin janvier 1976 je pars seul à Kinshasa pour remettre mes lettres de créances au guide de la République du Zaïre, le président Mobutu Sessé Seko Kuku Ngbendu Waza Banga. C'est ainsi que je suis passé des timbres-poste aux affaires diplomatiques ! Je n'ai jamais rêvé ni pensé assumer un jour de telles fonctions ! Il faut s'y mettre. En une semaine j'ingurgite plusieurs recueils diplomatiques de base que m'a remis Thomas Kéiro Abdou, mon proche parent qui, on le sait, a lui-même été diplomate.

Je m'envole pour le Zaïre sans ma famille. Avant de la faire venir, je dois en effet me renseigner sur le régime scolaire de ce pays car ma femme et moi avons maintenant huit enfants qui fréquentent évidemment des classes de niveaux différents.

Le personnel diplomatique tchadien en place comprend un Premier conseiller, un tout jeune administrateur sorti de l'École nationale de l'administration et de la magistrature (ENAM) de N'Djaména, capable mais dépourvu d'expérience. Un Second conseiller, également administrateur issu de la même école. Toutefois, ce dernier a d'étroites complicités avec les rebelles tchadiens et s'ingénie à saper notre mission. L'équipe comprend également un Premier secrétaire et un Attaché militaire, tous les deux contents de me voir arriver parmi eux. Tous reconnaissent mes capacités de fonctionnaire travailleur, honnête et intègre. Ils n'ignorent pas mes déboires avec le régime de Tombalbaye et savent également que j'ai séjourné un certain temps à Kinshasa quand, directeur général des postes et télécommunications, j'avais négocié la création d'une liaison postale directe entre le Tchad et le Zaïre. Néanmoins, étant donné la dégradation de nos relations avec ce pays, dont le président nourrit encore de vifs ressentiments envers les nouveaux maîtres du Tchad, ma mission s'avère délicate

Dès la présentation de mes lettres de créance, je me mets au travail et les tâches ne manquent pas ! En premier lieu, je m'emploie à régler avec les autorités locales des problèmes concernant les étudiants tchadiens abandonnés sur la touche depuis le coup d'État militaire intervenu au Tchad. Ils se répartissent dans plusieurs disciplines, techniques, militaires ou musicales. Ainsi certains ont été envoyés dans des écoles militaires, dont celle de Kitona, considérée alors comme étant la meilleure en Afrique pour la formation des commandos, d'autres dans des écoles militaires de musique et quelques-uns auprès des musiciens vedettes du Zaïre aux fins d'améliorer leur art. Par ailleurs, des étudiants ont été admis à l'université de Kinshasa ou ont fréquenté soit des établissements catholiques privés soit des séminaires réputés pour leur sérieux. Il faut également régler la situation de nombreux étudiants, au Zaïre et au Congo-Brazzaville, bénéficiaires d'une bourse de la Communauté européenne. Celles-ci sont gelées depuis plus de six mois à cause de la négligence de l'administration tchadienne mise en place après le coup d'État qui n'a pas rempli certaines formalités exigées par Bruxelles. Ce dernier problème a pu trouver sa solution, à la satisfaction des intéressés vivant de part et d'autres des rives du fleuve Congo, grâce à un représentant de la Communauté européenne de passage à Kinshasa. Tous ces jeunes, avec qui nous avons pris contact pour les informer de la régularisation de leurs bourses, sont soulagés et reprennent confiance dans le nouveau régime de N'Djaména.

Ma deuxième mission en tant qu'ambassadeur, la plus importante, vise le rapprochement effectif du Tchad et du Zaïre et doit permettre des rapports plus cordiaux entre leurs chefs d'État. J'organise donc à Kinshasa une visite de travail de quarante-huit heures pour favoriser une rencontre du président tchadien Malloum Ngakoutou avec son homologue zaïrois. Moins d'un an après ma nomination, c'est un succès. Les relations se normalisent entre les deux pays et les présidents Malloum et Mobutu ont de meilleurs rapports. Je m'en réjouis et suis un ambassadeur heureux, d'autant plus que personnellement j'entretiens des liens d'amitié avec la plupart des membres du gouvernement zaïrois.

Ma troisième démarche est des plus compliquées. Le Zaïre connaît alors de sérieux problèmes avec des bandes armées rebelles opérant à l'Est du pays, en particulier dans la grande et riche province minière du Shaba. Ces rebelles mènent avec succès des opérations militaires et contrôlent la coquette ville de Kolwezi. La communauté internationale, notamment les États-Unis d'Amérique, qui boude le gouvernement de Kinshasa, ne se presse pas pour voler au secours de Mobutu. Les pays Africains hésitent et ne bougent pas davantage, alors que le président Mobutu attend impatiemment un appui politique et diplomatique des puissances amies. C'est dans de telles circonstances que je prends l'initiative de demander au président tchadien d'envoyer un message de soutien au gouvernement zaïrois.

Le président Malloum approuve immédiatement ma suggestion et me charge d'adresser sans attendre une note verbale dans ce sens au gouvernement zaïrois. Cela fait, le président Mobutu me fait venir moins de vingt-quatre heures après l'avoir reçue. Au cours de notre entretien je lui confirme le soutien politique et militaire du Tchad dont les autorités condamnent fermement la tentative de prise de pouvoir par les rebelles. Simultanément à ce soutien du Tchad au président Mobutu, je parviens à faire acheminer deux cargos de viande en provenance de N'Djaména destinés aux militaires zaïrois envoyés au front. Cet appui tchadien est tellement apprécié que durant plus d'une semaine les médias zaïrois ne cessent d'en parler et rappellent l'audience accordée par le président Mobutu à l'ambassadeur du Tchad.

Soixante-douze heures plus tard, l'ambassadeur du Maroc suit l'exemple de son collègue tchadien en assurant au régime zaïrois un appui politique et militaire. Pour finir, les États-Unis d'Amérique et le reste de la communauté internationale emboîtent le pas. Ces différentes interventions donnent rapidement des résultats. Grâce au concours militaire des USA, de la Belgique, de la France et du Royaume du Maroc, les rebelles sont chassés du Shaba.

La vie diplomatique ne se réduit pas aux réceptions officielles et aux rapports à envoyer aux autorités du pays. En marge, il est souvent important d'avoir de vrais amis. C'est ainsi que ma famille et moi-même entretenons d'excellentes relations avec l'ambassadeur des États-Unis et sa femme qui fréquentent comme nous à Kinshasa la même église protestante baptiste. Nous nous rencontrons souvent en dehors des services religieux et le diplomate américain me confie un jour que ma pression sur le gouvernement tchadien pour apporter un soutien politique et diplomatique à Mobutu a eu pour conséquence indirecte de sauver le régime du Zaïre. En effet, c'est en l'apprenant que la communauté internationale a compris l'urgence de réviser sa position vis-à-vis de Mobutu et a décidé d'enrayer l'avancée des rebelles. Il y a là un bel exemple de l'utilité des relations diplomatiques pouvant influencer les prises de position politiques. Ce fut le cas cette fois-ci où l'initiative du Tchad a permis d'écarter du Zaïre la menace rebelle. C'est pourquoi, à la fin de ma mission dans ce pays, ma famille et moi-même, avons été reçus à une réception exceptionnelle donnée en mon honneur par l'ambassadeur des États-Unis et sa femme où étaient invités mes amis zaïrois, africains et d'autres nationalités et, qu'avant mon départ, la république du Zaïre m'a honoré en me décorant de l'ordre national du Léopard avec le grade de commandeur. Je viens en effet d'être nommé ambassadeur du Tchad au Burundi et au Rwanda. Je représente également mon pays auprès des Nations-Unies pour l'environnement dont le siège est à Naïrobi au Kenya. J'assumerai ces fonctions jusqu'à l'automne 1981.

Ma carrière diplomatique se poursuivra ensuite en Éthiopie où j'assumerai en même temps que les fonctions d'ambassadeur du Tchad celles de son représentant auprès de l'Organisation de l'Unité Africaine (OUA) à Addis-Abeba. Mais, entre-temps, rappelé à N'Djaména, je décide d'y revenir seul car la situation au Tchad demeure très incertaine.

Le rapport des forces a changé au Tchad. À la présidence, porté par ses pairs officiers auteurs du coup d'État du 13 avril 1975, le général Malloum est un officier supérieur intègre, capable et responsable mais manquant d'expérience politique.

Ce qui explique peut-être les deux graves erreurs commises en peu de temps. La première est la dénonciation soudaine et unilatérale de l'accord militaire signé entre le Tchad et la France depuis l'indépendance. Il autorisait l'ex puissance coloniale à maintenir sur le territoire tchadien une base militaire française d'environ un millier d'hommes. Mais le 22 Septembre 1975, le président Félix Malloum interdit toutes les activités militaires françaises sur le territoire tchadien et ordonne l'évacuation de la base de Sarh. Cinq jours plus tard, le 27 Septembre 1975, Paris est sommé de retirer toutes ses troupes stationnées au Tchad. Quelles sont les raisons ayant amené les officiers tchadiens à rompre cet accord ? Faute de renseignements précis, elles demeurent pour moi inexpliquées. Mais quelles qu'elles soient, pour le gouvernement français, c'est un coup dur, ressenti comme une humiliation qu'il cherchera à faire payer cher, au général Malloum en particulier.

La deuxième concerne l'accord signé dans la précipitation le 12 février 1978 entre le GUNT et Hissène Habré, président des FAN, les forces armées du Nord, en conflit avec le groupe des Forces Armées Populaires de Goukouni Weddeye. Les Français soutiennent cet accord qui ramène Hissein Habré, alors au Soudan, à N'Djaména. Il obtient le poste de Premier ministre qu'il réclamait. Encouragé par la communauté internationale, il se sent très fort et d'emblée se montre intraitable avec ses compatriotes militaires et civils au pouvoir. La cohabitation entre lui et le reste des membres du gouvernement s'avère impossible.

Les fortes hostilités qui opposent Félix Malloum et Hissène Habré débouchent en février et mars 1979 sur de violents affrontements entre l'armée légale, appuyée par des éléments armés de Goukouni, et les combattants d'Hissein Habré. Ceux-ci sont finalement chassés de la capitale et se replient à la frontière tchado-soudanaises. Mais le 23 mars 1979 le général Malloum, fatigué par toutes les contradictions politiques et militaires internes et externes, rend son tablier et s'exile au Nigeria. Après son départ, un accord est signé, sans les FAN de Habré, avec les autres tendances politico-militaires, FAP, CDR, 1ère Armée et autres, qui elles aussi attendent une occasion favorable pour venir au pouvoir. Le président des FAP, Goukouni Weddeye, est désigné pour être le président d'un gouvernement d'union nationale du Tchad (GUNT). Le colonel Kamougué, représentant les FAT, occupe la vice-présidence. Un autre cycle de pourparlers est engagé avec Hissein Habré dans le cadre d'une énième réconciliation nationale.

Un compromis est enfin trouvé et, en novembre de cette année 1979, un nouveau gouvernement réunissant toutes les tendances politiques et militaires voit le jour sous la présidence de Goukouni. Mais en mars 1980 une nouvelle guerre civile oppose les FAN de Hissein Habré aux autres tendances du GUNT. Aidé par les troupes libyennes, Goukouni l'emporte. Paix provisoire car à tout moment la situation risque à nouveau d'exploser.

L'Organisation de l'Unité Africaine (OUA), la communauté internationale, la France en particulier et les pays voisins, sont très impliqués dans le processus de stabilisation. Une force d'interposition et de maintien de la paix est envoyée au Tchad par l'OUA. Elle est composée majoritairement de Nigerians mais également de Béninois et de Guinéens. Des négociations commencent alors entre le GUNT et les FAN dans des conditions particulièrement floues. Elles s'accompagnent de part et d'autre d'actions militaires pour affaiblir l'adversaire et se positionner en vainqueur sur le terrain. Les forces africaines sont alors accusées de rompre leur neutralité et leur mission, qui est d'assurer la paix pour tous, en prenant parti pour les FAN de Habré.

C'est dans ce climat d'insécurité que je reste environ trois mois à N'Djaména avant de regagner seul mon nouveau poste afin d'organiser ultérieurement la venue de ma famille ainsi que je l'avais fait au Zaïre en 1976.

Quinze jours après mon arrivée, vers la mi-février 1982, je remets mes lettres de créances au président de l'Éthiopie rouge, Mengistu Hailé Mariam. Je découvre un homme rigide, à l'aspect sévère et au regard dur, qui ne sourit guère et rit encore moins. Au cours de notre entretien, il s'enquiert de la situation politique et militaire au Tchad et plus particulièrement de la santé morale et physique du président Félix Malloum. Il me questionne ensuite sur l'état des relations politiques entre le Tchad et la Libye et se félicite de les savoir excellentes. En conclusion, il m'avise que je peux lui faire signe et m'adresser directement à lui si je rencontre des difficultés dans l'accomplissement de ma mission. Je me retire donc assez content et rassuré quant à mon séjour en Éthiopie.

À l'époque, les relations politiques de l'Éthiopie avec la Libye et l'Union des Républiques Socialistes Soviétiques sont des plus cordiales. Par ailleurs, certains pays africains se sont rapprochés politiquement de ce groupe. C'était le cas du

Tchad de Félix Malloum qui, on l'a vu, avait dénoncé la présence militaire française dans notre pays.

Mais au Tchad, une fois de plus, la situation dégénère. Le 6 juin 1982, l'armée des FAN chasse les éléments du GUNT sans que ne s'interposent les soldats de l'OUA et, le 6 juin 1982, elle entre victorieusement dans N'Djaména.

Hissein Habré, hostile aux régimes marxistes et à la Libye, prend le pouvoir.

Je suis présent dans la capitale où j'ai pris une chambre à l'hôtel du Chari. J'ai pour mission de remettre au président du GUNT une lettre commune des présidents zaïrois et guinéen (Conakry) dans laquelle ils l'avisent de leur disponibilité à l'aider dans la résolution du problème tchadien.

Le pasteur de l'église évangélique, du foyer fraternel de N'Djaména, m'avait demandé de donner un message au culte de ce dimanche. J'avais donc préparé une homélie tirée de l'évangile de Luc, chapitre 6, versets 46 à 49 : « Comment construire une maison solide ». Hélas, le culte n'aura pas lieu, la population ayant quitté la ville. Je pars moi aussi de N'Djaména dans le véhicule diplomatique de l'ambassade d'Égypte dont le premier conseiller loge également à l'hôtel du Chari. Après la traversée du fleuve Chari, je rejoins ainsi la ville de Kousseri, au Cameroun, sur l'autre rive, où beaucoup de mes compatriotes se sont réfugiés. Je regagne mon poste une semaine plus tard en empruntant les routes camerounaises, non sans avoir fait un détour au sud du Tchad pour m'arrêter à Moundou où le colonel Kamougué s'est retiré avec la majorité des cadres militaires et civils originaires de cette partie du pays. J'ai un entretien avec eux portant sur une éventuelle prise de contact avec le nouvel occupant de la capitale tchadienne. Ils me pressent d'en parler de toute urgence avec le président Mobutu.

Une semaine plus tard, à la demande du président zaïrois Mobutu, le président gabonais Oumar Bongo reçoit à

Libreville, les 11 et 12 juillet 1982, les deux délégations venues de N'Djaména, l'une dirigée par Hissène Habré et la seconde, du Comité Permanent, conduite par le colonel Kamougué. J'assiste à la réunion accompagné d'un jeune officier des FAT, le commandant Nadjita Beasmal, que le colonel a mis à ma disposition pour les questions militaires. À cette réunion, la France est représentée par des conseillers de la présidence, M.M. Jacques Journiac et Christophe Mitterrand. Le Dr. Abba Siddick, pourtant présent à Libreville, n'y a pas été invité.

Cette rencontre doit en principe aboutir à une entente entre les responsables tchadiens des deux camps afin de revenir à un gouvernement d'union nationale, en attendant la mise en place d'élections fiables. Mais d'emblée les deux parties achoppent sur la composition du gouvernement, le Comité permanent de Kamougué revendiquant la création d'un poste de vice-président ou de premier ministre lequel serait confié au colonel Kamougué, revendication énergiquement rejetée par Hissein Habré.

De mon côté, j'interviens en faisant observer que sans la présence aux négociations des FAP de Goukouni et des CDR d'Ahmed Acyl, fortement aidés par les Libyens, le gouvernement qui pourrait être constitué serait voué à l'échec. Ma remarque est soutenue par la délégation française. Finalement, en dépit des protestations de Hissein Habré qui n'est pas d'accord avec cette décision, il est convenu de reporter la réunion au 30 août 1982 à Franceville et d'y inviter Goukouni et Acyl. Un fonds d'une valeur d'un milliard de franc CFA est mis à la disposition des deux délégations pour assumer les frais de fonctionnement et d'entretien de leurs membres jusqu'à la prochaine rencontre.

Tout le monde repart donc au Tchad dans des directions différentes avec les conseils appuyés du président Omar Bongo qui souhaite éviter toute nouvelle hostilité mettant en péril les futures négociations. La délégation de Hissein Habré s'envole pour N'Djaména et celle de Kamougué rejoint Moundou.

À la demande du président Bongo, je reste au Gabon pour préparer la réunion de Franceville. Le président Goukouni, retiré à Alger, est contacté par les Français pour y participer. De son côté, Ahmed Acyl se rend à Laï, au sud du Tchad, où l'attend Kamougué, afin de coordonner leurs positions. Malheureusement, il meurt accidentellement dès son arrivée, le 19 juillet vers 18 h, sa tête ayant violemment heurté l'hélice de l'avion qui le transportait.

La rencontre de Franceville a lieu comme prévu le 30 août 1982 en présence du représentant de Goukouni et de Acheihk Ibn Oumar, remplaçant Ahmed Acyl à la tête du mouvement CDR. Mais Hissein Habré, rassuré par le ralliement annoncé de plusieurs cadres militaires et civils originaires du sud qui se sont désolidarisés du Comité permanent, accorde peu d'importance à cette rencontre. Il s'y est rendu uniquement pour convaincre ses adversaires de le rejoindre. Franceville est pour lui un franc succès et un échec cuisant pour les autres délégations. Et, dès les premiers jours du mois de septembre, les combattants de Habré envahissent le Sud. Le colonel Kamougué blessé est chassé de Moundou et transporté dans son petit avion « les ailes vertes » au Gabon où il est soigné pendant près d'un mois. Les massacres des populations tant militaires que civiles sont systématiques et massifs. Le Tchad, ce vaste et riche territoire de l'Afrique centrale n'est-il pas en train de disparaître ?

De nombreux Tchadiens, de toutes les classes, fuient devant les traques sanglantes des combattants de Hissein Habré. Beaucoup se réfugient dans les pays voisins, Cameroun, Nigeria, Libye, Centrafrique ou plus loin au Congo, Bénin, Burkina Faso...

À leur tour les autorités congolaises tentent une nouvelle réconciliation des Tchadiens à Brazzaville. Mais Hissein

Habré, renforcé au Tchad par ses succès politiques, administratifs et militaires sur le terrain ne daigne même pas faire le déplacement. À Brazzaville, ne sont au rendez-vous que les délégués des tendances politico-militaires, CDR et FAT. C'est un autre échec remarqué.

Selon les termes diplomatiques en usage, je suis alors rappelé au Tchad pour consultation. Ce n'est guère le moment d'y rentrer car on continue d'y chasser avec une violence inouïe les Tchadiens, cadres civils, militaires, diplomatiques et autres qui ne sont pas d'accord avec Hissein Habré. S'ensuivent des arrestations arbitraires, de nombreuses disparitions, des emprisonnements dans des conditions épouvantables où la torture devient pratique courante. C'est la terreur qui s'installe. Au sud du Tchad, ceux qui ne peuvent sortir du pays et s'opposent au régime, s'organisent en comités de défense aux différents noms de « codo rouge, codo vert, cocotier », etc.

Je reçois de l'église protestante de Kinshasa que je fréquentais quand j'étais l'ambassadeur du Tchad au Zaïre, une offre m'invitant à revenir m'installer dans ce pays avec ma famille. C'est une attention qui nous touche profondément, ma femme et moi.

Il faut dire que beaucoup de pays africains montrent à l'égard des Tchadiens de nombreuses marques de sympathie et les accueillent. Ainsi, les autorités congolaises, les voyant arriver en grand nombre, proposent de les installer dans une ville qui leur sera réservée, Kintélé, tandis que les autorités ivoiriennes leur ouvrent les portes de Yamoussoukro. Des initiatives restées sans suite. Mais là où ils avaient été accueillis, les réfugiés tchadiens ont pu y refaire leur vie en attendant des lendemains meilleurs pour revenir dans leur propre pays.

Moi-même, après avoir mûrement réfléchi à la situation, je décide de rejoindre l'opposition au régime Habré. J'en informe le gouvernement éthiopien qui me demande de ne pas quitter Addis-Abeba et d'être à sa disposition pour l'aider dans la médiation qu'il cherche à mettre en place afin de parvenir à une réconciliation nationale au Tchad, le président éthiopien étant alors le président en exercice de l'OUA. En accord avec les autorités libyennes, le gouvernement libyen me prend en charge ainsi que l'un de mes adjoints. La rébellion tchadienne, en partie installée en Libye, donne son accord pour l'arrangement dont elle a été informée. Cela risque de durer longtemps car le gouvernement de N'Djaména refuse la proposition éthiopienne.

Je quitte donc la résidence de l'ambassadeur du Tchad pour prendre dans un premier temps une chambre à l'hôtel Hilton puis dans un logement mis à ma disposition. J'y vis seul, ma famille étant restée au Congo. Mais de temps en temps mon épouse et quelques-uns de mes enfants me rendent visite.

Des moyens conséquents me sont donnés pour assurer le fonctionnement normal de l'antenne diplomatique. Les contacts avec le gouvernement éthiopien sont des plus cordiaux. Je ne reste pourtant pas toujours sur place car je me rends souvent en Libye avec pour objectif de parvenir à réunir à Addis-Abeba, pour une rencontre de réconciliation, les délégués du GUNT de Goukouni en rébellion, ceux du pouvoir à N'Djaména et de nombreux compatriotes en exil. À la suite de quoi, plus de cinq cents Tchadiens de toutes sensibilités politiques, de la diaspora, de la société civile ainsi que des militaires du régime et de la rébellion font le déplacement à Addis-Abeba. Ils sont correctement pris en charge par le gouvernement éthiopien tandis que l'organisation africaine, l'OUA, assure le secrétariat de cette confrontation. Malheureusement, comme l'on pouvait s'y attendre, après trois jours de débats tumultueux, les Tchadiens ennemis restent sur leur position, s'accusant mutuellement de la situation présente. Ces entêtements bloquent tout rapprochement. Une seule décision est acceptée par tous : la possibilité d'une nouvelle rencontre à une date ultérieure.

Quinze jours après l'échec de cette tentative de réconciliation, j'informe les autorités éthiopiennes que mon adjoint et moi-même, vu les événements, désirons nous retirer. Le président éthiopien nous prie de rester en place jusqu'à nouvel ordre. Au nom du gouvernement du Tchad en exil et à sa demande, nous consolidons alors notre légation à Addis-Abeba, en accord d'ailleurs, et parallèlement, avec l'ambassade officielle du Tchad en Éthiopie. Concernant cette double représentation du Tchad, il faut reconnaître, qu'étant donné nos relations personnelles avec les diverses autorités locales, nous sommes plus actifs dans ce pays et d'une meilleure efficacité auprès de l'OUA que l'ambassade officielle réduite à un chargé d'affaires.

Le temps passe. Plus personne ne parle d'une éventuelle rencontre de réconciliation. Le président de la République du Tchad, Hissein Habré, annonce sa présence à la prochaine réunion des chefs d'États de l'OUA prévue en juin 1985 à Addis-Abeba. Il exige que la représentation du gouvernement tchadien en exil soit renvoyée.

Quelques jours après cette injonction, nous sommes appelés, mon adjoint, un officier de police, Monsieur Saleh Maïkambo et moi-même, au ministère éthiopien des Affaires étrangères. Le rendez-vous est fixé à seize heures. À notre surprise, c'est le directeur général du ministère et non le ministre qui nous reçoit. Il nous informe que nous devons quitter rapidement le pays et qu'en attendant notre départ nous serons conduits le soir même dans un autre logement, ce qui pose problème à mon adjoint dont la famille vit avec lui.

À notre sortie du ministère, nous avons la stupéfaction de trouver quatre policiers postés devant notre véhicule diplomatique. Ils s'emparent de la clé et nous embarquent dans une voiture de police qui nous amène directement en prison. Là, nous sommes jetés dans une cellule pleine de petits voyous. Stupéfaits par un tel traitement, nous sommes tous les deux amorphes, dépourvus de la moindre réaction. Pendant plusieurs minutes, nous ne nous parlons même pas. Quelques jeunes gens présents dans cette cellule commune à d'autres détenus nous reconnaissent. Ils savent que je suis l'ambassadeur du Tchad et, étonnés de nous voir là, viennent nous demander ce qui se passe. Que peut-on leur répondre puisque nous ignorons les raisons de notre emprisonnement ? Spontanément, ils abandonnent les places qu'ils occupent pour dormir et nous les cèdent.

Nous passons donc une première nuit dans cette cellule. Mais la nouvelle de notre arrestation s'est répandue comme une traînée de poudre dans le milieu diplomatique. Au cours de la soirée, l'épouse de mon adjoint, accompagnée de diplomates libyens, a immédiatement mais vainement cherché à établir un contact avec nous. Ce n'est que le lendemain à sept heures du matin qu'un fonctionnaire du ministère de l'Intérieur nous fait sortir de prison et nous conduit dans une vaste villa, laquelle appartient à un notable écroué on ne sait où dans le pays. Tout est mis à notre disposition y compris les domestiques de la maison. Nous y recevons le même jour les visites de Madame Maïkambo, d'amis diplomates et de Tchadiens en poste dans les organisations internationales d'Addis-Abeba. Le lendemain, un fonctionnaire du ministère des Affaires étrangères se présente à la villa pour nous transmettre les excuses de son gouvernement. Il demande ensuite :

— Dans quel pays voulez-vous partir ?

Je suis en colère mais je reste très calme pour lui répondre :

— Vous n'êtes pas sérieux et je voudrais bien que le président Mengistu apprenne ce qui vient de se passer.

Depuis longtemps nous voulions quitter votre pays mais c'est à la demande personnelle du président que nous sommes restés ainsi que vous le savez tous. Si pour des raisons politiques vous exigez notre départ, vous auriez dû agir autrement, pas de cette façon inadmissible que nous n'oublierons jamais. Rapportez donc au président Mengistu la honte que vous nous avez infligée ! Quelle sera sa réaction lorsqu'il connaîtra à son tour notre situation ?

Il m'interrompt alors :

— Pardon, pardon, excuse, excuse, pardon !

Je clos l'entretien par ces mots :

— Envoyez-nous dans n'importe quel pays, sauf au Tchad.

Une semaine plus tard, nous sommes expulsés au Congo-Brazzaville où demeure toujours ma famille. Après avoir séjourné un mois avec nous à Brazzaville, Maïkambo et son épouse regagnent N'Djaména.

Voilà comment, après une carrière dans les PTT, j'en ai commencé et terminé une autre dans la diplomatie. J'ai mis tout mon savoir et mon cœur dans ce métier d'ambassadeur. Je me suis vite rendu compte qu'il exige une bonne connaissance des hommes et des pays dans le respect de leur us et coutumes, parfois bien différents des nôtres. Il faut aussi du courage pour affronter des situations inédites, de l'observation, le sens de la communication et des contacts et bien évidemment une bonne dose de diplomatie ! Cette carrière m'a permis de connaître quelques chefs d'États étrangers, des ministres et des fonctionnaires internationaux. J'ai donc beaucoup appris dans cette fonction à laquelle je n'avais jamais songé. Pour conclure, je dois dire que je n'ai jamais regretté de l'avoir acceptée sans aucune préparation.

Après le départ de mon collaborateur Saleh Maïkambo pour N'Djaména, nous nous accordons un mois de repos ou plus exactement un mois de réflexion en famille. Nos discussions portent essentiellement sur la situation du pays et notre avenir. Faut-il prolonger notre exil politique, préparer notre retour au Tchad, entrer dans l'opposition ? C'est en général le soir, après le repas, que nous nous retrouvons pour en débattre. Nous commençons par prier ensemble, puis nous donnons la parole à chacun de nos enfants afin d'avoir leur avis. Nous terminons par une prière.

Un soir, l'avant dernier de nos fils dont nous connaissons les réflexions drôles et les suggestions parfois saugrenues, nous dit : « Papa, pour être tranquilles et n'avoir aucune inquiétude pendant le voyage, chacun de nous pourrait repartir au pays dans un cercueil en guise de valise ». Tous, nous éclatons de rire.

Le lendemain, c'est décidé, je me mettrai entièrement à la disposition du Comité permanent créé dans le Sud du Tchad après les événements meurtriers de février 1979 et placé sous l'autorité politique et militaire du colonel Abdel Kader Wadal Kamougué. Certains de ses membres se retrouvent à Brazzaville. Je vais donc les voir pour leur faire part de ma décision.

Après concertation, le groupe me demande de me rendre à Alger pour y rencontrer le président Goukouni Weddeye en exil là-bas après la dislocation du gouvernement d'union nationale du Tchad (GUNT). Faute de moyens, je pars seul.

À Alger, nos conversations aboutissent à cette conclusion : rassembler les partisans du GUNT dans un pays ami et rechercher des appuis politiques et militaires pour parvenir à chasser Hissein Habré du Tchad. Au cours de mon séjour, grâce au président Goukouni, j'ai pu rencontrer en peu de temps certaines personnalités algériennes, tant gouvernementales que du puissant parti FLN. Les entretiens sont fructueux. Les Algériens me suggèrent de poursuivre mon voyage en Libye pour proposer aux autorités de ce pays voisin du Tchad, le mieux indiqué pour cela, le regroupement politique et militaire du GUNT à Tripoli. D'ores et déjà, ils ont pris contact avec les responsables de ce pays et assurent mon voyage vers Tripoli. Là-bas, j'établis très rapidement de bons contacts avec les autorités. J'ai également l'occasion de m'entretenir avec quelques responsables du Conseil Démocratique de la Révolution, (CDR) et plus particulièrement avec Acheihk Ibn Oumar. À la suite de ces pourparlers, il est décidé que s'effectue à Sebha, une ville importante du sud de la Libye, frontalière avec le Tchad, le regroupement de tous les responsables politiques et militaires tchadiens en Algérie, en particulier le président Goukouni et l'ensemble de son équipe ; les membres du Comité permanent de Brazzaville sous le contrôle du colonel Kamougué, ainsi que les cadres politiques et militaires éparpillés en RCA, au Cameroun, Nigéria, Bénin et autres pays. Pour cet énorme regroupement qui nécessite de multiples déplacements, tous les moyens sont mis à la disposition du GUNT, aussi bien les équipements militaires qu'administratifs et de communication. Cette coalition permet au GUNT de prendre rapidement le contrôle de la grande région du Borkou Ennedi Tibesti, le BET, voisine de la Libye, au détriment du pouvoir de N'Djaména. À la suite de quoi, il est envisagé que le GUNT et l'ensemble de son administration civile et militaire s'installent dans cette région du nord Tchad. Malheureusement, les choses se compliquent à cause des rivalités essentiellement ethniques qui opposent les différents mouvements d'opposition. Ainsi, se confrontent pour la prise du pouvoir à N'Djaména, le Conseil Démocratique de la Révolution (CDR), dont les officiers sont surtout des arabes du Salamat et d'Ati et les Forces Armées Populaires (FAP) du président Goukouni, un Toubou du BET. Une faction des FAP est dirigée par Adoum Togoï, un Bideyat, et soutenue par les Toubou proches de la Libye qui souvent prennent de haut les éléments du CDR, qu'ils traitent de peureux, incapables de faire face seuls aux Forces Armées du Nord (FAN) de Hissein Habré. Les Forces Armées Tchadiennes (FAT) composées en grande partie de ressortissants du sud Tchad, se retrouvent marginalisées dans cette mêlée tumultueuse à fort caractère ethnique et aux ambitions démesurées des différents leaders.

La présidence du GUNT se restructure en fonction des nouvelles données. Goukouni en assure toujours la présidence, Kamougué Wadal la vice-présidence. Acheihk Ibn Oumar devient ministre de la Défense et remplace à la tête du CDR le défunt Ahmed Acyl. L'État-major général de l'armée est confié à un sudiste, le général Djogo Nagué, un militaire de carrière connu de tous les Tchadiens. Sur le papier, c'est une parfaite organisation gouvernementale et militaire.

Sur le terrain, c'est une autre affaire. La division entre ses membres est permanente ! On n'avance pas, les décisions traînent à cause des rivalités au sein du regroupement, rien ni aucune stratégie n'est faite pour reprendre le pouvoir aux mains d'Hissein Habré. Sans entrer dans tous les détails, je dois signaler un fait important qui a définitivement stoppé le GUNT à la frontière du BET.

Le président Goukouni est alors à Faya-Largeau dans l'attente d'équipements militaires et autres moyens que doit lui faire parvenir Tripoli. Autour de lui, on trouve essentiellement des cadres civils et militaires du sud Tchad. Le ministre des Affaires étrangères du GUNT, Mahamat Nour Barka, et moi-même revenons d'un long périple en Europe et en Afrique qui avait pour objet de plaider notre cause auprès de ceux qui pourraient soutenir notre lutte. Nous en faisons le compte-rendu à Goukouni en lui démontrant la nécessité et l'urgence de prendre des contacts avec le Congo Brazzaville. Le président du GUNT lui-même envisage de se rendre au Congo-Brazzaville pour expliquer la situation à ses camarades congolais et solliciter leur aide. Mais en attendant, il nous demande de repartir dès le lendemain à Brazzaville. Mahamat Nour, d'accord sur le principe, demande néanmoins un report du voyage de trois jours, nécessaires à notre repos. Devant l'insistance de Goukouni, je fais seul le voyage dans un avion libyen qui survole sans problème N'Djaména.

Le lendemain, alors que j'en suis absent, les FAN d'Hissein Habré, aidés par des forces zaïroises attaquent la position du GUNT à Faya. C'est un carnage ! Presque tous les cadres civils et militaires de la place sont tués. Par chance, le président et son vice-président ont échappé aux FAN. Aussitôt après cette victoire, N'Djaména publie au Tchad et diffuse dans toutes ses ambassades la liste supposée des victimes. Mon nom y figure. À Brazzaville, les Tchadiens qui viennent à la maison pour présenter des condoléances à ma famille sont très surpris et heureux de me découvrir là en chair et en os !

Cette défaite signe la fin de la rébellion armée du GUNT. Néanmoins, une semaine plus tard, son président Goukouni rejoint Brazzaville à la recherche de nouveaux alliés. Mais les événements qui suivent enterrent définitivement le gouvernement d'union nationale tchadien en exil. Il faut savoir que les autorités libyennes sont favorables au CDR.

Leur objectif, jusque-là inavoué, ne vise-t-il pas à éloigner Goukouni pour permettre à ce mouvement de rester maître sur le terrain des combats ? Elles avancent l'exigence d'une réconciliation, laquelle paraît impossible en l'état actuel des différentes factions armées. Est-ce la raison qui incite le Guide Kadhafi à donner un rendez-vous à Goukouni en dehors de Tripoli ? Malgré ses amis libyens qui lui conseillent une grande prudence, le président du GUNT et ses deux gardes du corps montent sans grande méfiance dans le véhicule du protocole libyen venu les chercher. Mais, après une heure de route, Goukouni se rend compte que la voiture prend une toute autre direction que l'endroit où il est supposé rencontrer Kadhafi. Il demande alors des précisions sur ce lieu du rendez-vous. Comme il n'obtient aucune réponse, ses gardes du corps exigent que l'on arrête la voiture. Une vive altercation éclate et des coups de feu sont tirés de part et d'autre. Le président Goukouni est gravement blessé, surtout à l'abdomen. La nouvelle parvient aussitôt au Guide libyen qui se rend auprès de Goukouni et le fait conduire en urgence à l'hôpital de Tripoli.

La mort présumée du président du GUNT se répand alors comme une traînée de poudre, à Tripoli, au BET, dans tout le Tchad, à l'extérieur des frontières. Sur le terrain, Adoum Togoï, à la tête de l'aile FAP, tente avec d'autres Tchadiens et des Libyens, d'amorcer de délicats et difficiles pourparlers de réconciliation avec les CDR. Heureusement, la rumeur est vite démentie mais pourtant ne reste pas sans effet.

À l'annonce de cette fausse nouvelle accréditant l'assassinat de Goukouni par les Libyens, Adoum Togoï n'attend pas vingt-quatre heures pour rallier N'Djaména. Les forces armées de Hissein Habré, renforcées par celles du FAP, attaquent ensuite les CDR, installés avec une compagnie importante de militaires libyens dans l'Ennedi, à l'est du BET. Il se dit en coulisse que la stratégie de cet assaut aurait été mise au point par des agents étrangers, en particulier des militaires américains. Des soldats et des officiers supérieurs libyens sont tués, d'autres sont capturés et amenés à N'Djaména. Un équipement important et de petits avions bombardiers sont récupérés. C'est une victoire pour Hissein Habré et une lourde défaite pour le camp adverse, le GUNT et son allié la Libye dont le Guide ne restera pas inactif.

Enhardi par cette victoire, Hissein Habré a l'audace d'attaquer en territoire libyen un autre détachement militaire installé à Maaten es-Sara située à environ cinq cents kilomètres de Tripoli. La réaction libyenne est fulgurante et massive. Des hélicoptères militaires en grand nombre bombardent les colonnes tchadiennes qui s'enfuient sur le sable comme des rats. L'opération est filmée et, pour la propagande, montrée en direct à Tripoli. On évalue à plus de trois mille hommes les pertes tchadiennes.

En moins d'un mois, les éléments du GUNT, son État-major, ses cadres civils et militaires établis à Sebha en Libye et dans le BET se dispersent. Ainsi, le colonel Kamougué, vice-président du GUNT et le général Djogo, Chef d'État-major de l'armée, quittent la place pour le Congo-Brazzaville. D'autres prennent la route du Bénin, du Burkina Faso, etc. Un peu plus tard, grâce au concours politique et financier du gouvernement français, ces mêmes responsables et leurs compagnons de lutte, civils et militaires, regagnent N'Djaména dans le désordre.

Quant à moi, je reste encore à Tripoli pour essayer d'établir des contacts avec des Tchadiens, en particulier quelques éléments des FAT disséminés sur le territoire libyen, tels le commandant Djibrine Dassert, le mari de ma nièce, travaillant avec des pétroliers dans le désert libyen, l'adjudant Jules Bégui, et une douzaine de soldats tchadiens s'entraînant à Benghazi sur de gros engins mécaniques. Je finis par rejoindre le Congo-Brazzaville via la France où quelques-uns de mes enfants sont étudiants. J'ai besoin de leur parler de la situation qui a évolué défavorablement pour le GUNT et d'avoir leur avis. Après un séjour d'une semaine à Paris et quelques échanges téléphoniques avec le reste de ma famille vivant à Brazzaville, il est question que je demande à la France un statut de réfugié politique. Je prends donc contact avec l'office français des réfugiés politiques et apatrides, l'OFPRA. La personne qui me reçoit, ayant pris connaissance de mon parcours de diplomate, me conseille de m'adresser directement au gouvernement français. Je sollicite donc une audience auprès du ministre des Affaires étrangères qui me connaît bien. Mais mon interlocuteur, le colonel Gouet, attaché militaire au Quai d'Orsay, me confirmant le ralliement à N'Djaména de la plupart des cadres militaires et civils du GUNT, me propose de les rejoindre car l'exil en France ne peut m'être accordé. Si j'accepte cette proposition, il me sera accordé un soutien financier et des billets d'avion Brazzaville-N'Djaména pour les neuf membres de ma famille. Tout en exprimant ma gratitude au colonel ainsi qu'au gouvernement français, je réserve ma réponse et promets de la lui donner dès mon retour à Brazzaville par l'intermédiaire de l'ambassade de France au Congo.

Peu après mon arrivée à Brazzaville, je prends effectivement contact avec l'ambassadeur de France au Congo et je l'informe de l'entretien que j'ai eu au Quai d'Orsay et de la proposition qui m'a été faite.

Notre situation est devenue difficile. Les autorités congolaises souhaitent que je reprenne le chemin du Tchad comme la plupart de mes compatriotes, d'autant plus qu'il leur reste à peine deux jours pour accueillir le président Hissein Habré venu participer à Brazzaville au sommet de l'Union des pays d'Afrique Centrale. Elles exigent que je quitte la capitale en invoquant des raisons de sécurité. Envoyé à Pointe-Noire, j'y passe une semaine sans que ma famille restée sur place ne soit inquiétée. Mais pendant mon absence ma femme a reçu les visites de trois personnalités tchadiennes. La première est celle de Mahamat Nouri, dont j'appréciais les qualités au travail quand il était receveur des P et T pendant la période où j'étais directeur de cette institution. Il est devenu l'un des membres influents du gouvernement de Habré. La deuxième est celle de madame Cheddeï, une femme d'affaires, sœur du président Hissein Habré, reconnaissante pour quelques menus services que je lui avais rendus naguère, alors que j'étais ambassadeur au Zaïre. En prenant contact avec ma famille elle lui propose de regagner le Tchad. Enfin, le troisième visiteur n'est autre que le cousin maternel de ma femme, Lazare Mbaïasbé, le président du Conseil Transitoire considéré au Tchad comme la deuxième personnalité de l'État. Tous les trois, avec l'accord des autorités tchadiennes, sont venus nous rendre visite pour nous persuader de rentrer au pays.

Il me faut quelque temps de réflexion. En effet, les quelques avantages matériels qui nous sont accordés au Congo, soit directement, soit par le canal du Haut Conseil des Réfugiés, HCR, se réduisent considérablement. Le gouvernement congolais ne tient plus son engagement pour régler les loyers de la maison où nous habitons. Ainsi sommes-nous amenés à déménager plus de dix fois dans différents quartiers de Brazzaville. Pour subvenir à nos besoins, j'ai donc ouvert une boutique d'alimentation qui marche assez bien avec un chiffre d'affaires mensuel de l'ordre de deux à trois millions de francs CFA.

Au quartier dit « Météo » nous sommes logés dans une villa assez confortable appartenant à monsieur Ikonga, président-directeur général de la compagnie Air Afrique. Nous rencontrons de sérieux problèmes avec sa femme qui nous harcèle quotidiennement pour récupérer ses loyers. Et, pour comble, nous sommes victimes d'un cambriolage qui finit par abattre notre moral.

Il pleut à verse ce soir de novembre 1989 quand je reviens de la boutique aux environs de vingt heures. J'ai l'habitude de me coucher aussitôt terminé le repas du soir car je me lève à cinq heures du matin pour ouvrir ma boutique dès six heures. Cependant, de temps à autre je me réveille en pleine nuit, je sors faire le tour de la maison pour m'assurer que tout va bien. Ma femme, quant à elle, suit généralement les programmes de la télévision congolaise ou zaïroise jusqu'à 1 heure du matin.

À cinq heures du matin, quand j'entre dans le salon, la surprise me cloue sur place. La pièce est vide, absolument vide ! Plus de fauteuils, de chaises, de tableaux, d'armoires, de bibliothèque ! Je me précipite dans la cuisine et là aussi, c'est le vide complet : tout est enlevé, cuisinière, réfrigérateur, congélateur. La porte du salon et celle de la concession sont grandes ouvertes et sur la véranda je découvre notre gros chien de garde abattu. Inquiet, je me précipite dans les chambres des enfants. Leurs portes restent intactes, rien n'a disparu à l'intérieur. Puis, je retourne dans notre chambre et réveille ma femme pour lui annoncer : « Marie, on nous a tout volé, il ne reste plus rien dans le salon et la cuisine ! »

Sa stupeur égale la mienne en découvrant l'étendue du cambriolage. Nous appelons aussitôt la police qui met deux heures à se présenter. Les voleurs sont des professionnels, ils sont entrés dans la concession par la maison voisine dépourvue de clôture. Pour franchir le mur haut de deux mètres qui nous en sépare garni de tessons de bouteille, ils ont utilisé pour se protéger d'épais coussins de mousse. Ils ont ensuite sauté dans la concession, avisé le climatiseur qu'ils ont enlevé facilement sans nous alerter, la pluie abondante et crépitante éteignant leurs bruits. Ce trou dans le mur leur a permis d'entrer dans le salon. Et nous, tranquillement endormis dans la chambre, assourdis par le martèlement incessant de la pluie sur les tôles du toit, nous n'avons rien entendu, ni les aboiements du chien de garde aussitôt abattu, ni le déménagement de nos meubles par la porte de la maison grande ouverte.

Les auteurs de ce cambriolage courent toujours car l'enquête de la police reste sans suite. Les autorités congolaises restent muettes sans réagir, sans nous aider. Nous nous sentons abandonnés dans ce pays qui n'est pas le nôtre.

N'est-il pas temps de rechercher une autre terre d'accueil ? Ou même, en dépit de ce que nous apprenons de la situation du régime de Habré, n'est-il pas préférable de rentrer au pays quel que soit le risque ? Nous y pensons sérieusement à la suite des propositions faites à ma famille par les trois visiteurs pendant mon éloignement à Pointe-Noire. Ils ont insisté pour mon retour au Tchad. Mais, consultés, nos enfants se montrent réticents pour notre retour. D'ailleurs, deux d'entre eux poursuivent leurs études en France et trois au Burkina Faso.

L'exil en France nous étant refusé, nous écrivons au Canada et en Suède. Leurs réponses sont favorables, les deux pays sont prêts à nous accueillir. Nous consultons rapidement nos enfants, ceux présents près de nous et les autres. Tout le monde opte unanimement pour la Suède. Sans hésitation, nous commençons à remplir dare-dare les formulaires reçus de Stockholm pour les renvoyer le plus rapidement possible aux organismes compétents de la Suède. Voilà où nous en sommes quand le matin du 1er décembre 1990, aux environs de 8 h 30, je reçois un coup de téléphone de l'ambassadeur de France au Congo. Surpris sur le moment je pense : « Est-ce pour me rappeler la proposition du ministère français des Affaires étrangères m'invitant à repartir au Tchad ? » Mais il ne s'agit pas de cela !

— Monsieur Laokolé, me dit l'ambassadeur, êtes-vous au courant de ce qui se passe dans votre pays ?

— Oui, je crois savoir que les attaques des rebelles ont repris à l'Est du pays.

Les paroles de l'ambassadeur se précisent alors et me laissent ébahi :

— Le président Hissein Habré a quitté N'Djaména. Il a traversé le Chari et doit être actuellement au Cameroun à la recherche d'un pays d'accueil !

Je parviens à dire :

— Merci beaucoup pour l'information, nous gardons le contact et suivons la suite des événements.

La conversation se termine là mais pas notre excitation ! Nous écoutons tour à tour toutes les radios nationales et internationales, en particulier RFI, la radio française très écoutée en Afrique. Et quelques heures après le coup de fil de l'ambassadeur, nous avons la confirmation de l'information qu'il a été le premier à nous apprendre. Les médias du monde entier, France, Tchad, Burkina Faso, RCA et autres, donnent tous les détails de la fuite de Habré.

Notre grande surprise se double d'une joie indescriptible. Mais elle se teinte pour mon épouse d'une inquiétude concernant son cousin germain, l'ex-président du CNT. Nous essayons de téléphoner à N'Djaména pour en savoir plus mais la communication ne passe pas. Nous nous résignons à attendre. Sans doute aurons-nous dans la journée d'autres indications plus précises !

Deux ou trois jours après le départ de Habré, nous recevons une mission envoyée de N'Djaména. Le compatriote Mahamat Zène Bada, le frère cadet du colonel Maldoum Bada, évadé des griffes de Hissein Habré bien avant 1989, vient de la part du nouveau maître du pays, Idriss Déby, nous demander de revenir au Tchad.

Délaissant le chemin de la Suède, abandonnant la gestion de la boutique d'alimentation à un jeune Tchadien, étudiant à l'université Marien Ngouabi, je m'envole pour N'Djaména ! Une semaine après mon arrivée, je suis reçu au palais présidentiel par le colonel Idriss Déby, président du gouvernement provisoire du Tchad. Il me propose un poste d'ambassadeur à Washington aux États-Unis d'Amérique ou à Paris en France. Je n'hésite pas une seconde pour refuser fermement sa proposition, tout en évoquant poliment mon absence de plus de vingt ans hors du pays. Je souhaite simplement rester au Tchad.

Un autre poste m'attend. À la faveur d'un remaniement du premier gouvernement du Tchad effectué par Idriss Déby, je suis nommé Secrétaire d'État au ministère des Affaires étrangères. Je commence donc une nouvelle carrière pour ne pas dire une nouvelle aventure, dans un gouvernement à la tête duquel se trouve un officier supérieur, le bras armé de l'ex-dictateur sanguinaire, Hissein Habré.

Ma première mission m'amène en République centrafricaine et en République populaire du Congo pour présenter à leurs autorités respectives les remerciements du gouvernement et du peuple tchadiens pour avoir accueilli dans leur pays nos compatriotes fuyant le régime sanguinaire de Hissein Habré. Je mets à profit cette occasion pour préparer le retour à N'Djaména le 5 septembre 1991 de ma famille demeurée jusque-là à Brazzaville.

C'est donc la fin d'un long parcours, partant du 13 janvier 1973, date à laquelle j'ai été arrêté par le président Tombalbaye, à la veille d'une mission technique que je préparais pour aller discuter avec des partenaires américains du plan de développement des télécommunications du Tchad, jusqu'à cette fin de l'année 1991 marquant le retour de ma famille au Tchad après quinze années de diplomatie et d'exil politique.

Toutes ces pérégrinations font-elles partie de mon destin, ce fleuve de la vie qui ne dévie jamais de son cours ? Ce chemin-là est-il celui voulu par mon père ?

Aujourd'hui, parvenu au seuil de la vieillesse, j'ai éprouvé le besoin de raconter ce long parcours, parfois chaotique, bien loin du village où je suis né, dans une époque tourmentée où peu à peu disparaissent nos coutumes et les paroles des sages. En travaillant du mieux que j'ai pu pour mon pays et un avenir que j'espérais meilleur, je ne pense pas avoir vraiment trahi ceux qui souhaitaient que je devienne, à la suite de mon père, le gardien des valeurs traditionnelles. J'ai suivi mon chemin.

L'HARMATTAN ITALIA
Via Degli Artisti 15; 10124 Torino
harmattan.italia@gmail.com

L'HARMATTAN HONGRIE
Könyvesbolt ; Kossuth L. u. 14-16
1053 Budapest

L'HARMATTAN KINSHASA
185, avenue Nyangwe
Commune de Lingwala
Kinshasa, R.D. Congo
(00243) 998697603 ou (00243) 999229662

L'HARMATTAN CONGO
67, av. E. P. Lumumba
Bât. – Congo Pharmacie (Bib. Nat.)
BP2874 Brazzaville
harmattan.congo@yahoo.fr

L'HARMATTAN GUINÉE
Almamya Rue KA 028, en face
du restaurant Le Cèdre
OKB agency BP 3470 Conakry
(00224) 657 20 85 08 / 664 28 91 96
harmattanguinee@yahoo.fr

L'HARMATTAN MALI
Rue 73, Porte 536, Niamakoro,
Cité Unicef, Bamako
Tél. 00 (223) 20205724 / +(223) 76378082
poudiougopaul@yahoo.fr
pp.harmattan@gmail.com

L'HARMATTAN CAMEROUN
BP 11486
Face à la SNI, immeuble Don Bosco
Yaoundé
(00237) 99 76 61 66
harmattancam@yahoo.fr

L'HARMATTAN CÔTE D'IVOIRE
Résidence Karl / cité des arts
Abidjan-Cocody 03 BP 1588 Abidjan 03
(00225) 05 77 87 31
etien_nda@yahoo.fr

L'HARMATTAN BURKINA
Penou Achille Some
Ouagadougou
(+226) 70 26 88 27

L'HARMATTAN SÉNÉGAL
10 VDN en face Mermoz, après le pont de Fann
BP 45034 Dakar Fann
33 825 98 58 / 33 860 9858
senharmattan@gmail.com / senlibraire@gmail.com
www.harmattansenegal.com

L'HARMATTAN BÉNIN
ISOR-BENIN
01 BP 359 COTONOU-RP
Quartier Gbèdjromèdé,
Rue Agbélenco, Lot 1247 I
Tél : 00 229 21 32 53 79
christian_dablaka123@yahoo.fr

Achevé d'imprimer par Corlet Numérique - 14110 Condé-sur-Noireau
N° d'Imprimeur : 127215 - Dépôt légal : mars 2016 - *Imprimé en France*